Musiol: Die Verdrossenheits-Falle

Karl Musiol

Die Verdrossenheits-Falle

Wie Beschäftigte ihren Betriebsrat wahrnehmen

edition sigma

Bibliografische Information der Deutschen Nationalbibliothek

Die Deutsche Nationalbibliothek verzeichnet diese Publikation in der Deutschen Nationalbibliografie; detaillierte bibliografische Daten sind im Internet über http://dnb.d-nb.de abrufbar.

ISBN 978-3-8360-3595-8

Umschlagillustration: Verlag & Orlando Florin Rosu – Fotolia.com.

Druck: Rosch-Buch, Scheßlitz

Printed in Germany

Inhalt

Vorwort

Birgit Geissler

Die ‚alt-industrielle' Institution Betriebsrat ist in der Soziologie durchaus ein Außenseiter-Thema. Die rechtlich verfasste Mitbestimmung im Betrieb scheint mit dem post-industriellen Credo der Selbstbestimmung über das eigene Leben nicht recht zusammen zu gehen. Die Studie von Karl Musiol zu den Paradoxien der Institution und der Praxis betrieblicher Mitbestimmung zeigt dagegen eindrucksvoll, dass heute die post-industriellen Items *Selbstbestimmung* und *Partizipation* gerade auch für die Beziehung der Beschäftigten zum Betriebsrat wichtig sind. Sie bewerten ihre berufliche Situation und die Vertretung ihrer Interessen durchaus danach, ob sie ‚gehört' werden; die Arbeitsweise und die Erfolge des Betriebsrates werden von den Beschäftigten nur dann positiv gesehen, wenn der Anspruch auf Selbstbestimmung (bei der einen Gruppe) bzw. das Bedürfnis nach Partizipation (bei einer anderen Gruppe) respektiert werden.

Es geht in der Studie um die Wahrnehmung des Betriebsrates (als Institution und als konkrete Personen) durch Beschäftigte und um die Folgen dieser Wahrnehmung. Offensichtlich gibt es innerbetrieblich vielfältige Verständigungs- und Beteiligungsprobleme. In vielen Betrieben herrschen Distanz und Desinteresse gegenüber dem Betriebsrat – ob als Widerstand gegen die Institution generell oder ‚nur' als Enttäuschung über die betriebliche Praxis. Zugleich hat ein erheblicher Teil der Distanzierten durchaus Ansprüche an den Betriebsrat, denen dieser aber aus verschiedenen Gründen nicht gerecht wird. Die Studie spricht diese Gemengelage an als Bewegung zwischen Zufriedenheit, Kritik (d.h. engagierte Unzufriedenheit), Indifferenz, Gleichgültigkeit und ‚Verdrossenheit'. In diesem Spektrum von Wahrnehmungs- und Reaktionsweisen ist vor allem die Kategorie der *Verdrossenheit* innovativ – denn sie benennt eine Ausprägung von Unzufriedenheit, die anders als Kritik auf negativen Erwartungen beruht. Empirisch kann diese Form der Distanz von Gleichgültigkeit und Indifferenz abgegrenzt werden, da Verdrossenheit auf die *Enttäuschung positiver Erwartungen* zurück geht. Erfolgreich und anerkannt ist demnach ein Betriebsrat, wenn er nicht nur Schutzfunktionen wahrnimmt und die Interessenvertretung gegenüber der Arbeitgeberseite gelingt, sondern wenn er zugleich die Beschäftigten kommunikativ einbezieht. Selbst engagierte, aber unkommunikative Informationsarbeit (von oben nach unten) kann so zur Enttäuschung von Beteiligungserwartungen, also zur Verdrossenheit führen. Das methodologische Prinzip der *gegenstandsbegründeten Theoriebildung (Grounded Theory)* lässt hier tatsächlich die „in den Daten schlummernden Theorien" (Strauß 2004) sprechen. Zwei Beispiele können das belegen: Die *Differenzierung von (sich einmischender) Kritik und passiver Verdrossenheit* ist die eine aus der Empirie abgeleitete Erkenntnis. Die zweite Erkenntnis betrifft die *Bedeutung von Anerkennungsbedürfnissen,* die auch gegenüber dem gesetzlich verankerten Mitbestimmungsauftrag des Betriebsrats artikuliert werden. Im Ergebnis kommt die Studie so zu einer empirisch gesättigten Theorie der Bedingungen erfolgreicher Interessenvertretung durch Betriebsräte.

Die Studie zu den Chancen und Dilemmata der Betriebsratsarbeit hat der Autor zum Abschluss seines Soziologiestudiums an der Universität Bielefeld verfasst. Er steht damit für den inzwischen selten gewordenen Typus des nicht nur allgemein-politisch, sondern auch an betrieblichen Konflikten und Gewerkschaftsarbeit interessierten Studierenden. Er beweist einen an soziologischen Theorien geschulten Blick sowohl auf die ‚praktische' Seite der Interaktion zwischen Betriebsrat und Beschäftigten wie auch auf abstraktere Anerkennungsansprüche. Die Studie bietet so einen theoretisch unterfütterten Erklärungsansatz für die Probleme der Kommunikation und der Beteiligung (bzw. des Rückzugs daraus) im Betrieb. Zu wünschen wäre es daher, dass die Ergebnisse nicht nur das sozialwissenschaftliche Wissen erweitern, sondern auch die praxisbezogenen Debatten zur Betriebsratsarbeit bereichern.

Bielefeld/Köln, im November 2013 *Birgit Geissler*

1. Einleitung

Der ‚Betriebsrat' hat seine Wurzeln im industriellen Zeitalter und ist als Institution der Arbeitsbeziehungen eng zugeschnitten auf die damals vorherrschende Arbeitswirklichkeit: tayloristisch geprägte Industriearbeit auf einfachem und mittlerem Qualifikationsniveau gepaart mit wirtschaftlichem Aufschwung und entsprechend großen Verteilungsspielräumen (vgl. Holtrup 2005: 3). Mit dem Übergang von der industriellen zur postindustriellen Gesellschaftsformation veränderten sich diese Rahmenbedingungen. Tayloristische Arbeitsformen verschwanden weitgehend, das Qualifikationsniveau stieg, Bildungs- und Erwerbschancen individualisierten sich, die Emanzipationsbewegung lockerte starre Geschlechterverhältnisse und es bildeten sich vielfältig ausdifferenzierte Alltagskulturen heraus (vgl. ebd.: 7).

In den späten 80ger Jahren setzte zudem eine wirtschaftliche Trendwende ein: Die Arbeitslosigkeit stieg, die Leistungen des Wohlfahrtsstaates wurden zunehmend beschnitten, Flächentarifverträge teilweise geöffnet, die Tarifautonomie verlor an Bedeutung.

Neben und mit der Arbeitswelt veränderten sich auch die Beschäftigten[1]. Die für die (als ‚organisierte Moderne' bezeichnete) industrielle Gesellschaft typischen „institutionalisierten Lebenslaufmuster" (vgl. Geissler 2012: 182) lösten sich auf (vgl. ebd.); das ‚Arbeitermilieu', einst Zielgruppe von Gewerkschaften und Institutionen der Mitbestimmung, verlor seine Milieufaktoren und differenzierte sich aus. Die Folgen dieses anhaltenden Prozesses: Gewerkschaften verlieren Mitglieder, der Organisationsgrad sinkt. Was einst als gesichertes Wissen galt, steht heute wieder zur Debatte: nämlich die Frage, ob Gewerkschaften überhaupt noch eine zentrale regulatorische Funktion in der Gesellschaft haben (Dörre 2010: 874).

Aufgrund der beschriebenen strukturellen Veränderungen, sowie der abnehmenden Bedeutung des industriellen Wirtschaftssektors für den Arbeitsmarkt, verliert auch die Unternehmensmitbestimmung ihren Stellenwert. Von paritätisch besetzten Aufsichtsräten (Montanmitbestimmung) werden heute nur noch rund 100.000 Beschäftigte in neun Zechen und 22 Eisen- und Stahlbetrieben

---

1 Dieses Buch ist weitgehend geschlechtergerecht formuliert. Es gibt drei Ausnahmen:

1. Sofern das Geschlecht bekannt ist, wird es korrekt ausgeschrieben.
2. Sofern es die Lesbarkeit wirklich stark beeinträchtigt hat, wurde ein Geschlecht zufällig gewählt.
3. „Betriebsrat" ist auch dann, wenn es sich um ein unbestimmtes Betriebsratsmitglied handelt, nicht um die Form „Betriebsrätin" ergänzt. Dies hätte die Lesbarkeit stark beeinträchtigt.

vertreten (Stand August 2011, vgl. IG Metall 2011). Es ist unklar, ob die Unternehmensmitbestimmung länger als „nur für eine Übergangszeit zu halten sein werde“ (Demirović 2008: 391).

Für Betriebsräte fällt die Diagnose optimistischer aus: Die Arbeitgeberseite hat sich mit ihnen arrangiert und sie genießen weitgehend Akzeptanz bei Beschäftigten, in der Bevölkerung und bei allen wichtigen Parteien. Die Beteiligung bei den letzten Betriebsratswahlen lag im Durchschnitt bei über 80% und damit noch über dem hohen Niveau der letzten Wahlperiode. Die meisten Betriebsratsmitglieder werden im Amt bestätigt (vgl. Greifenstein et al. 2010: 2). Mitbestimmungsforscher interpretieren das als Anzeichen für hohe Zustimmung. Betriebsräte sind damit die letzte gesunde, vermeintlich sichere Bastion der Arbeitnehmerinnen und Arbeitnehmer innerhalb der Arbeitsbeziehungen.

Dass die tief greifenden Veränderungen im Wandel zur postindustriellen Gesellschaft spurlos an Betriebsräten vorbeigegangen sind, wäre eine zu optimistische These. Dies zeigt diese Studie: Betriebsräte klagen über Unwissen, Desinteresse und diffuse Vorbehalte in Teilen ihrer Belegschaften. Und die Klagen sind nicht unbegründet: Zu beobachten ist ein Phänomen facettenreicher ‚Betriebsräte-Verdrossenheit‘[2], was eine aktuelle Herausforderung ist. Denn Betriebsräte stehen vor wachsenden Herausforderungen, die neue Reibungspunkte im Umgang mit der Belegschaft hervorbringen: Sie sind heute Impulsgeber für Partizipation auch außerhalb der Arbeitsbeziehungen, demokratische Schulungsmedien, wichtige Akteure verbetrieblichter Tarifpolitik, Mitgliederwerber für Gewerkschaften und wichtiges Element der Finanzkrisenbewältigung. Deswegen muss ‚Betriebsräte-Verdrossenheit‘ ins Blickfeld von Betriebsräten, Gewerkschaften und Mitbestimmungsforschung rücken, um möglichen Vertrauenskrisen der betrieblichen Mitbestimmung vorzubeugen.

Dass dies eine Forschungslücke ist, liegt auch an der Perspektive, die die Betriebsräte-Forschung traditionell einnimmt – sie ist „expertenlastig“ (Kißler et al. 2012: 180). Arbeitnehmerinnen und Arbeitnehmer kommen kaum zu Wort. Das Verhältnis zwischen Betriebsräten und Beschäftigten wurde bisher allenfalls am Rande solcher Studien behandelt, die sich anderen Fragestellungen widmen. Erst seit wenigen Jahren erscheinen erste Studien, in denen die Vertretenen Subjekte des Erkenntnisinteresses sind – diese Studie schließt sich dieser sehr jungen Entwicklung an.

Forschung, speziell Mitbestimmungsforschung, ist zwar unabhängig, aber nicht interessefrei – dies gilt zumindest für die Erkenntnisinteressen, also für die Frage, weshalb über Mitbestimmung geforscht wird (vgl. Kißler et al. 2012: 153). Das Thema dieser Studie entspringt dem grundsätzlichen Interesse des

---

2 Der Begriff ‚Betriebsräte-Verdrossenheit‘ wird in Kapitel 4 ausführlich entfaltet. Er steht für distanzierte Unzufriedenheit bei gleichzeitig negativen Erwartungen.

Autors an der Frage, wie das Verhältnis zwischen Betriebsräten und Belegschaften (weiter) verbessert und langfristig aufgestellt werden kann. Warum lautet dann die Forschungsfrage nicht genauso; warum nimmt sie die seitenverkehrte Perspektive ein und fragt stattdessen nach Verdrossenheit? Dieses Vorgehen orientiert sich an einer Erkenntnis des soziologischen Klassikers „Das Gesellschaftsbild des Arbeiters", einer Studie, die 1957 von Heinrich Popitz, Hans Paul Bahrdt, Ernst August Jüres und Hanno Kesting veröffentlich wurde. Darin heißt es:

> „Es liegt in der Natur des Denkens, aber auch der Art, Gespräche zu führen, daß positive Urteile in der Regel sehr blaß und allgemein bleiben. Das Denken präzisiert sich meist erst in der Kritik: die Negation gibt die Möglichkeit, Einzelheiten zu unterscheiden. Ein profiliertes positives Urteil ist selten, denn es entsteht gewöhnlich erst, nachdem das Stadium der Kritik durchlaufen ist; es hat dann gewissermaßen den Charakter der doppelten Verneinung. Deshalb läßt sich das, was die Arbeiter über ihre Betriebsvertreter denken, was sie von ihnen erwarten, ja sogar, was sie ihnen zugute rechnen, am besten aus den kritischen Äußerungen herauslesen [...]. Aus den kritischen Bemerkungen kann man erkennen, was die Hüttenarbeiter an ihren Vertretern nicht schätzen. Wir können aber aus ihnen auch erschließen, welchen Typ sie sich als Vertreter ihrer Interessen wünschen, und zwar besser als aus den positiven Bemerkungen, die meist recht blaß sind." (Popitz et al. 1957: 143)

Weite Teile der betriebsrätlichen Leistungen dienen der Gewährleistung von Strukturen (Überwachung der Arbeitssicherheit und Gesetzes- sowie Tariftreue oder Koordination der Betriebsratsstrukturen) und bleiben damit unsichtbar. Sie rücken erst dann ins Blickfeld der Betriebsöffentlichkeit, wenn sie nicht reibungslos funktionieren. Auch das ist ein Grund dafür, dass es keinen allgemein verbreiteten Maßstab für ‚gute Betriebsratsarbeit' gibt, auf den Beschäftigte sich beziehen könnten. Die Ursachen von Verdrossenheit erlauben aber Rückschlüsse auf die Deutungsmuster, mit denen Beschäftigte ihre Betriebsräte bewerten – selbst wenn sie ihnen selbst nicht bewusst sind. Dies ist der Grund, warum die Arbeit diese inverse Fragestellung hat und sich eines qualitativen Ansatzes bedient. Qualitative Forschung will „zu einem besseren Verständnis sozialer Wirklichkeit(en) beitragen und auf Abläufe, Deutungsmuster und Strukturmerkmale aufmerksam machen" (Flick et al. 2003: 14) und so grundlegende Erkenntnisse über soziale Phänomene zutage fördern, die weder Außenstehenden noch beteiligten Akteuren bewusst sind (vgl. ebd.). Die Arbeit will konstruktive Aspekte im destruktiven Phänomen der ‚Betriebsräte-Verdrossenheit' suchen. Das ist ein neuer Ansatz, der einen eigenen Analyserahmen erfordert. In Kapitel 4 wird ein ‚zweidimensionales Modell der Belegschaft/Betriebsrat-Beziehung' ausgearbeitet. Zum besseren Verständnis des Aufbaus der Arbeit soll das Modell schon an dieser Stelle kurz skizziert werden:

Ausgangspunkt ist die theoretische Frage: Welche unterschiedlichen Einstellungen[3] sind denkbar, mit denen Betriebsräte vonseiten ihrer Belegschaften konfrontiert werden? Als grundlegende Unterscheidungskriterien solcher Einstellungen dienen zunächst die Kategorien Unzufriedenheit und Zufriedenheit, die durch eine Indifferenzkategorie voneinander getrennt sind. Das heißt: Es gibt Beschäftigte und Beschäftigtengruppen innerhalb von Belegschaften, die mit ihrem Betriebsrat zufrieden, unzufrieden oder ‚nicht (mehr) unzufrieden aber (noch) nicht zufrieden' sind. Soweit zur ersten Dimension des Modells.

Die Beziehung zwischen Betriebsrat und Belegschaft beruht auf einer Pflichtverbindung. Unzufriedene Beschäftigte können nicht auf die Vertretung durch den Betriebsrat verzichten oder sich einen anderen Betriebsrat aussuchen. Eine Distanzierung vom Betriebsrat mündet also nicht in einer Exit-Option, wie sie zum Beispiel Kunden gegenüber Unternehmen haben. Wo mündet eine Distanzierung aber dann? Um das analysieren zu können, benötigt das Modell eine zweite Dimension. Beschäftigte schwanken in ihren Einstellungen zu Betriebsräten nämlich nicht nur zwischen Unzufriedenheit und Zufriedenheit, sondern auch zwischen Nähe und Distanz. Unzufriedenheit lässt sich anhand dieser zweiten Dimension wiederum in zwei Ausprägungen differenzieren: Distanzierte Unzufriedenheit findet ihren Ausdruck in Verdrossenheit, nahe Unzufriedenheit hingegen in Kritik. Zum besseren Verständnis eine Analogie zur Kunden/Unternehmen-Beziehung: Es gibt kritische Kunden, also solche, die zwar ein Problem haben, sich aber trotzdem mit positiven Erwartungen an das Unternehmen wenden, in der Hoffnung, es werde gelöst. Wird das Problem nicht gelöst, schwinden die positiven Erwartungen und die Kunden distanzieren sich vom Unternehmen, was in freien Märkten zur Kundenabwanderung führt. Unzufriedene Beschäftigte hingegen, die ihre positiven Erwartungen verlieren und sich deswegen vom Betriebsrat distanzieren, ‚landen' in der Verdrossenheit. Ein weiteres Element des zweidimensionalen Modells ist die Gleichgültigkeit: Gleichgültige Beschäftigtengruppen sind solche, die keine Erwartungen an den Betriebsrat (mehr) haben (also weder positive noch negative) und distanziert sind.

Veränderungen in der Beziehung zwischen Belegschaft und Betriebsrat lassen sich als Bewegungen im zweidimensionalen Feld darstellen. Die leitende Frage der empirischen Kapitel dieser Studie ist: Welche Ursachen haben Abwärtsbewegungen in Richtung Verdrossenheit? Die Frage lautet also nicht: Warum sind Beschäftigte unzufrieden? Sondern: Was ist die Ursache von Verdrossenheit? Denn – und das ist ein Ergebnis dieser Studie: Unzufriedenheit in Form von Kritik ist ein wichtiges und innovationstreibendes Element in der Beziehung

3 Der Begriff *Einstellung* meint hier einen Erklärungsansatz für beobachtbare Verhaltenskonsistenz. Die Frage kann also genauer lauten: Welche Kategorien von Verhalten gegenüber Betriebsräten können beobachtet bzw. als Hypothesen aufgestellt werden? (vgl. Bonfadelli 2004: 97).

zwischen Betriebsrat und Belegschaft. Problematisch ist also nicht Unzufriedenheit an sich, sondern das Verhältnis von Kritik und Zufriedenheit zu Verdrossenheit und Gleichgültigkeit.

Dieses Buch ist wie folgt strukturiert: *Kapitel 2* gibt Einblick in die Betriebsräte-Forschung und zeigt eine bisher kaum erforschte Lücke, in der diese Studie verortet ist. In *Kapitel 3* werden die methodologische Ausrichtung der Arbeit sowie die Erhebungs- und Auswertungsschritte beschrieben. Das bereits angerissene ‚zweidimensionale Modell der Beziehung zwischen Betriebsräten und Belegschaften' wird in *Kapitel 4* ausführlich entwickelt. Die Fragen in Abschnitt 4.1 lauten, was Verdrossenheit genau ist und wie sie sich von Unzufriedenheit unterscheidet. Hier wird die erste Dimension des Modells entfaltet. Der zweiten Dimension widmet sich dann Abschnitt 4.2. Welche Bedeutung die Unterscheidung der beiden Dimensionen für Betriebsräte hat, wird in Kapitel 4.3 erläutert. Dies geschieht bereits anhand empirischen Materials. In Kapitel 4.4 wird die Forschungsfrage abschließend mithilfe des zweidimensionalen Modells präzisiert. Welche Ursachen Betriebsräte-Verdrossenheit hat, beantworten die Kapitel 5, 6 und 7. Erste Ursache ist die Missachtung von Ansprüchen an Selbstbestimmung durch betriebliche Mitbestimmung *(Kapitel 5).* Zweite Ursache ist die Missachtung von Beteiligungswünschen durch betriebliche Mitbestimmung *(Kapitel 6).* In *Kapitel 7* werden diese beiden Ursachen dann zu einer übergeordneten Ursache zusammengeführt: Betriebsräte-Verdrossenheit ist Folge einer Inkompatibilität von Anerkennungsstrategien des Betriebsrats und Anerkennungsbedürfnissen der Belegschaft. Damit handelt es sich um ein empirisches Fazit-Kapitel. *Kapitel 8* fasst die wichtigsten Ergebnisse zusammen. In *Kapitel 9* werden weitere Befunde zusammengefasst, die aus methodologischen Gründen nicht in die gegenstandsbegründete Theorie einfließen konnten.

2. Betriebsrat als Institution und Akteur: Einblick in die Betriebsräte-Forschung

Das Betriebsverfassungsgesetz ist fast so alt wie die Bundesrepublik Deutschland. Seit über 60 Jahren gibt es Betriebsräte – und ebenso lange sind sie Forschungsobjekt für Soziologinnen und Soziologen. Der Zweig in der Soziologie, der sich unter anderem Betriebsräten widmet, ist die Mitbestimmungsforschung, ein traditionsreicher Teilbereich der Arbeits- und Industriesoziologie. Das folgende Schaubild zeigt die Systematik der Forschungsfelder; die gepunkteten Bereiche benennen die Akteure, die in den darüberstehenden Feldern im Fokus stehen:

Abb. 1: Das Forschungsfeld der Industriellen Beziehungen

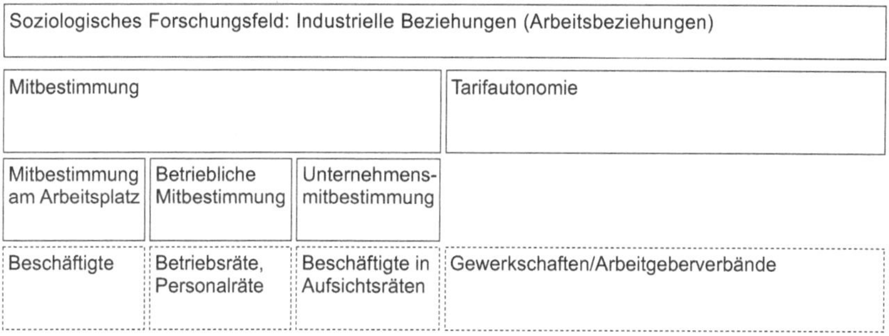

Eigene Darstellung

Der Begriff ‚Industrielle Beziehungen' ist eine wörtliche Übersetzung des soziologischen Fachbegriffs ‚industrial relations'. ‚Industrial' hat im Englischen eine viel weitergehende Bedeutung und meint nicht nur das deutsche ‚industriell', sondern den ganzen Bereich unternehmerischer Tätigkeiten in allen Sektoren der Wirtschaft. Um Missverständnisse zu vermeiden, wird heute häufig der Begriff ‚Arbeitsbeziehungen' synonym genutzt – so auch in dieser Studie.

Im Forschungsfeld ‚Arbeitsbeziehungen' liegen wiederum die Forschungsfelder der Mitbestimmung (das klassische Feld der Mitbestimmungsforschung) und der Tarifautonomie. Akteure, die bei der Forschung auf dem Feld der Tarifautonomie im Fokus stehen, sind Gewerkschaften und Arbeitgeberverbände. Das Feld der Mitbestimmung lässt sich wiederum in drei Bereiche aufteilen:

1. Die Mitbestimmung am Arbeitsplatz, die bis heute nicht gesetzlich geregelt ist und auch deswegen weitgehend durch das Forschungsraster der traditionellen Mitbestimmungsforschung fällt (vgl. Wilkesmann et al. 2011a: 72). Hier steht die unmittelbare Partizipation von Beschäftigten im Fokus.
2. Die betriebliche Mitbestimmung. Hier werden Betriebs- und Personalräte, aber auch andere Mitarbeitervertretungen untersucht, wie zum Beispiel die MAV in Tendenzbetrieben (z.B. kirchlichen Einrichtungen), Ausschüsse leitender Mitarbeiter oder rechtlich nicht geregelte ‚Andere Vertretungsorgane (AVOs)' (vgl. zu AVOs u.a. Hauser-Ditz et al. 2009).
3. Die Unternehmensmitbestimmung. Hier wird die Mitbestimmung der Arbeitnehmerbänke in Aufsichtsräten untersucht.

Die vorliegende Studie bewegt sich explizit im Feld der betrieblichen Mitbestimmung durch Betriebsräte, fokussiert aber nicht auf ihre institutionellen Akteure (die Betriebsräte), sondern auf die Beschäftigten. Damit verlässt sie die sonst in der Mitbestimmungsforschung vorherrschende institutionelle Sicht auf Mitbestimmung – zugunsten einer subjektiv-sozialen Sicht, die betriebliche Mitbestimmung aus der Perspektive der Beschäftigten untersucht. Unterscheidungen institutioneller Kategorien (wie zum Beispiel die Unterscheidung zwischen ‚Mitbestimmung am Arbeitsplatz' und ‚betrieblicher Mitbestimmung') sind im weiteren Verlauf nicht hilfreich, weil Sie für Beschäftigte – das ist ein Ergebnis dieser Studie – keine Bedeutung haben. Insofern soll nicht die betriebliche Mitbestimmung als Institution untersucht werden, sondern vielmehr die Haltung Beschäftigter zum Mitbestimmen durch Betriebsräte. Diese Unterscheidung (vgl. Kißler et al. 2012: Kapitel 1.1 und 1.2) erinnert daran, „dass Mitbestimmung mitbestimmen heißt" (ebd.), kein Selbstzweck ist und nicht als solcher untersucht werden darf. In der Mitbestimmung sind Beschäftigte nur Objekte (vgl. Schmidt/Trinczek 1999: 111) – im Mitbestimmen sind sie hingegen die Subjekte.

Betrachtet man den Forschungsstand der letzten 60 Jahre, stellt man fest, dass eine solche Perspektive selten ist. Das wurde in den letzten Jahren von zahlreichen Autoren als Forschungslücke benannt, die nun erst seit Kurzem in Angriff genommen wird (vgl. Abschnitt 2.3).

2.1 Wachsende Bedeutung der betrieblichen Mitbestimmung: theoretische Studien

Hans Böckler sagte auf der ersten Gewerkschaftskonferenz der britischen Zone im März 1946 in Hannover: „Politische Demokratie, die wir anstreben, hat zur Voraussetzung wirtschaftliche Demokratie." (zit. nach Kocka 2006: o.S.) Er hatte die Erfahrungen des Dritten Reiches im Sinn. Das Ende der Weimarer Republik hatte gezeigt, dass politische Demokratie allein kein Garant für den Fortbestand einer demokratischen Zivilgesellschaft sein muss. Entsprechend verfolgten Gewerkschaften als politische Akteure das Ziel einer demokratischen Herrschaft über die Wirtschaft. Ihre frühen Forderungen waren weitgehend und hatten zum Ziel, alle Bereiche der Wirtschaft, vom einzelnen Arbeitsplatz, über Betriebe, Unternehmen, Branchen bis hin zur Wirtschaftsordnung zu demokratisieren (vgl. u.a. Demirović 2008: 387; Vilmar 2008). In der Gesetzgebung der damals jungen Bundesrepublik konnten die Gewerkschaften von ihren Forderungen vor allem zwei Punkte durchsetzen: die Mitbestimmung auf Unternehmensebene (Unternehmensmitbestimmung: Arbeitnehmervertreter in Aufsichtsräten) und die betriebliche Mitbestimmung (Betriebsräte). Auch wenn die Gewerkschaften damit weit hinter ihren eigenen ursprünglichen Zielen zurückblieben – mitbestimmte Unternehmen sind nicht zwingend demokratisch; der Einfluss demokratisch legitimierter Institutionen auf das Wirtschaftssystem bleibt begrenzt – ist dies im internationalen Vergleich bis heute ein großer Erfolg.

Das sind Überlegungen, an denen verschiedene Theoriestudien ansetzen, die neben anderen auch die Institution Betriebsrat in ein wirtschaftsdemokratisches Gesamtkonzept einbetten. Eine sehr umfassende Systematik, die alle Aspekte der Mitbestimmung in einen Zusammenhang bringt, findet sich bei Fritz Vilmar (1977).

In einer theoretischen Arbeit beschreibt Wolfgang Däubler (1991) Mitbestimmung als ein Grundrecht, das Beschäftigten „die Möglichkeit zur gleichberechtigten, jede Objektstellung ausschließenden Einwirkung auf seine Arbeits- und Wirtschaftsbedingungen" zusichert (ebd.: 134).

Im vergangenen Jahrzehnt sind verschiedene theoretische, soziologische Arbeiten erschienen, die explizit (Wassermann 2002) oder neben anderen Institutionen auch (Demirović 2008, Meine et al. 2011) Betriebsräte demokratietheoretisch begründen. Wolfram Wassermann (2002) reflektiert, warum die Institution Betriebsrat so langfristig und erfolgreich Bestand hat (vgl. zur Stabilität auch Müller-Jentsch 2007: 58) – und das trotz, oder vielmehr, so seine These, wegen ihrer schwierigen Pufferstellung zwischen Arbeitnehmern und Arbeitgebern. Detailliert zeigt er, warum massive und anhaltende Strukturumbrüche seit Gründung der Bundesrepublik diese Stabilität der Institution jedoch immer wieder gefährden. Dieser Frage widmet sich auch Axel Demirović (2007, 2008). Seine Arbeiten werden geleitet von der These: Das Mitbestimmungskonzept entspringt dem industriellen Zeitalter und hat dort seine Funktion erfüllt. Heute fallen ganze Beschäftigtengruppen aus der Repräsentationslogik der Mitbestimmung heraus (vgl. Demirović 2007: 56), was einen Funktionswandel nach sich zieht. Aufgaben und Konflikte verlagern sich weg von Gewerkschaften und Unternehmensmitbestimmung auf die betriebliche Ebene (Verbetrieblichung), was eine zunehmende Bedeutung von – und zunehmende Verantwortung für – Betriebsräte bedeutet. Laut Trinczek (2000: 247f.) sehen Betriebsräte eher die Gefahren dieser

Entwicklung und wollen ihren Kompetenzgewinn zurück an die Gewerkschaften delegieren. Thomas Haipeter (2010) kommt in seiner Studie „Betriebsräte als neue Tarifakteure" aber zu dem Schluss, dass die Chancen dieser Verbetrieblichung sowohl für Betriebsräte als auch für Gewerkschaften und für deren Zusammenarbeit größer sind als die Gefahren.

2.2 Betriebsratstypologien: empirische Forschung

Empirische Betriebsräteforschung bewegt sich seit jeher weitgehend in der institutionell-organisatorischen Dimension. Untersucht werden die Struktur und Wirkung von Betriebsräten in unterschiedlichen Unternehmensstrukturen, ihre Handlungskompetenz, ihre innere Organisation und Praxis, ihr Umgang mit Arbeitgebern und Gewerkschaften, ihre Reaktionen auf Wandlungsprozesse und/ oder Auswirkungen gesetzlicher Regelungen auf ihre Struktur.

In einer wichtigen empirischen Studie stellt Friedbert Rancke (1982) die Unternehmenswirklichkeit dem Betriebsverfassungsgesetz gegenüber. Er kommt zu dem Ergebnis, dass der (bis heute anhaltende) Trend zur Dezentralisierung von Unternehmensstrukturen Mitbestimmungsrechte beschneidet. Die Reform des Betriebsverfassungsgesetzes von 2001 hat zwar auf solche Einwände reagiert und zum Beispiel die Möglichkeit geschaffen, stark filialisierte Unternehmensstrukturen betriebsverfassungsrechtlich zu regionalen Betrieben zusammenzuführen, um dann gemeinsame Betriebsräte wählen zu können. Ralph Greifenstein und Helmut Weber (2008: 2f.) kommen jedoch Jahre später zu dem Ergebnis, dass die Reform nicht die gewünschte Wirkung gebracht hat. In großen Unternehmen mit sehr vielen Filialen, in denen jeweils nur wenige Beschäftigte arbeiten, sind Gesamtbetriebsräte die entscheidenden Akteure, die jedoch nach wie vor gesetzlich wenig Macht und keinen rechtlichen Anspruch auf Freistellung haben. So passiert es, dass selbst solche Gesamtbetriebsräte, die zuständig für möglicherweise Tausende Beschäftigte sind, keine einzige Freistellung haben und in ihren Filialen im normalen Arbeitsablauf eingesetzt werden. Wie Friedbert Rancke 1982, also weit vor der Reform, schon beobachtet hatte, entstehen so betriebsrätliche Substrukturen, die keiner gesetzlichen Regelung unterliegen. Es ist anzunehmen, dass diese Entwicklung 30 Jahre nach Friedbert Ranckes Untersuchung einen vorläufigen Höhepunkt erreicht hat, was von der aktuellen Betriebsräteforschung nicht prominent behandelt wird – im Rahmen dieser Studie aber von Bedeutung sein wird.

Wichtiges Merkmal der soziologischen Betriebsräteforschung ist der Versuch zahlreicher Forscherinnen und Forscher, Betriebsratsarbeit oder die Beziehung zwischen Betriebsrat und anderen Akteuren in Typologien zu fassen. Eine ganze Reihe solcher Untersuchungen stieß Hermann Kotthoff (1981) mit einer ersten Typologie an. Ihr folgten Typologien von Schauer et al. (1984), Kotthoff (1994), Nagel et al. (1994), Müller-Jentsch et al. (1998), Bosch et al. (1999), Artus et al. (2001), Stöger (2008), Nerdinger/Stracke (2008) und Candeias/Röttger (2008) bzw. Candeias et al. (2012) (vgl. Tab. 1).

Die beiden Studien von Hermann Kotthoff und die Studie von Walther Müller-Jentsch sind heute Klassiker der Mitbestimmungsforschung und werden häufig zitiert. Die ‚Entdeckung' des Co-Managers durch Müller-Jentsch et al. (1998) stieß eine Reihe von Folgestudien an, die alle einen Wandel der Betriebsratsarbeit dokumentieren. Der Betriebsratstypus ‚Co-Manager' zeichnet sich aus durch hohe Eigeninitiative und Beteiligung an Unternehmensprozessen, weit über die rechtlich verankerten Mitbestimmungsmöglichkeiten hinaus. Im Gegensatz zu anderen Typen reagiert der Co-Manager also nicht nur auf äußere Einflüsse, sondern gestaltet aktiv mit (vgl. zum Typus Co-Manager neben Müller-Jentsch 1998 auch die weiterführenden Studien Piorr/Wehling 2002, Minssen/Riese 2007 und die Anmerkungen in Rami/Hunger 2011: 169). Das Paradoxe am Co-Manager: Der zunehmenden gestalterischen Funktion steht offenbar zwangsläufig eine Abnahme der interessenpolitischen Beschützerfunktion gegenüber. Je mehr Macht der Betriebsrat über das Betriebsverfassungsgesetz hinaus bekommt, desto schwächer wird er in der Erfüllung seiner Aufgaben aus dem Betriebsverfassungsgesetz (vgl. Kotthoff 1998: 78f. – der dieses Paradox gesehen hat, ohne bereits vom Typus des Co-Managers zu sprechen, und Rami/Hunger 2011: 168.)

Tab. 1: Typologien

Studie	Stoßrichtung	Typologie
Kotthoff (1981)	Verhältnis zwischen Betriebsrat/ Geschäftsleitung	• Der ignorierte Betriebsrat • Der isolierte Betriebsrat • Betriebsrat als Organ der Geschäftsleitung • Respektierter zwiespältiger Betriebsrat • Respektierter standfester Betriebsrat
Schauer et al. (1984)	Gestaltungspraxis des Betriebsrats bei Verhandlung und Durchsetzung von Betriebsvereinbarungen	• Die Traditionalisten • Die progressiven Betriebsräte • Die ausgleichenden Betriebsräte
Kotthoff (1994)	Aktualisierung der Typologie von 1981: Verhältnis zwischen Betriebsrat/Geschäftsleitung	• Standfester Betriebsrat • Betriebsrat als konsolidierte Ordnungsmacht • Betriebsrat als kooperative Ordnungsmacht • Betriebsrat als kooperative Gegenmacht • Betriebsrat als aggressive Gegenmacht
Nagel et al. (1994)	Verhältnis zwischen Geschäftsleitung und Konzernbetriebsrat	• Co-Management • Kooperativ partnerschaftlich • restriktiv

→

Tab. 1: (Fortsetzung)

Studie	Stoßrichtung	Typologie
Müller-Jentsch et al. (1998)	Einflussnahme von Betriebsräten auf Unternehmensentscheidungen	• Der konventionelle Betriebsrat • Der engagierte Betriebsrat • Der ambitionierte Betriebsrat • Der Co-Manager
Bosch et al. (1999) Artus et al. (2001)	Interaktionsmuster zwischen Betriebsrat und Geschäftsleitung in der Industrie der neuen (Artus et al. 2001) bzw. der alten (Bosch et al. 1999) Bundesländer	• Konfliktorische Interaktion • Interessenbetonte Kooperation • Integrationsorientierte Kooperation • Harmonistischer Betriebspakt • Autoritär-hegemoniales Regime • Patriarchalische Betriebsfamilie • Co-Management
Stöger (2008)	Wie blicken speziell weibliche Betriebsratsmitglieder auf Interessenbeziehungen	• Die Partnerin • Die Idealistin • Die Oppositionelle • Die Klassenkämpferin
Nerdinger/ Stracke (2008)	Rolle von Betriebsräten in Innovationsprozessen	• Der antizipierende Problemlöser • Der aktive Prozessbegleiter • Der engagierte formelle Betriebsrat • Der konventionelle Betriebsrat
Candeias/ Röttger (2008) bzw. Candeias et al. (2012)	Betriebsräte in lokalen Zivilgesellschaften	• Schwindendes zivilgesellschaftliches Engagement • Beständig tradiertes Engagement • Innovationstreiber auf dem Feld zivilgesellschaftlichen Engagements

Eigene Darstellung

2.3 Forschungslücke: Beschäftigte als Subjekte von Mitbestimmung

Bei allen Typologien fällt auf, dass sie nur das Binnenverhältnis des Betriebsratsgremiums oder sein Verhältnis zur Geschäftsleitung typologisieren. Das Verhältnis zur Belegschaft wird in den meisten Studien nicht untersucht bzw. nur in einer Studie am Rande betrachtet: Bosch et al. 1999 richten ihre Typologie zwar auch an der Beziehung zwischen Betriebsrat und Geschäftsleitung aus, beziehen aber die Achse Betriebsrat/Belegschaft zumindest mit ein. Ergebnis ist, dass einzig der konfliktorische Betriebsratstypus die Belegschaft als zentrale Bezugsgröße seiner Entscheidungen betrachtet. Eine Studie, die diese wichtige Lücke zumindest für den Typus des Co-Managers schließen sollte, haben Heiner Minssen und Christian Riese durchgeführt. Darin ging es um die Legitimation des Co-Managers in der Belegschaft. Obwohl gelegentlich zitiert, wurden die Ergebnisse jedoch nie publiziert.

Britta Rehder (2006) diskutiert in einem Aufsatz die Legitimation von betrieblichen Bündnissen, die co-managende Betriebsräte eingehen. Sie kommt zu dem Ergebnis, dass betriebliche Bündnisse (zum Beispiel Tausch von Zugeständnissen gegen Beschäftigungsgarantien) für ein Legitimationsdefizit in der Belegschaft sorgen, das Betriebsräte nur schwer bearbeiten können (vgl. ebd.).

Perspektiverweiterung

Rainer Trinczek (1989) merkt an, dass die Mitbestimmungsforschung Betriebsräte als „monolithisch strukturierte Kollektivakteure" (ebd.: 447) begreift und die Belegschaften dabei außen vor lässt. Auch Leo Kißler, Ralph Greifenstein und Karsten Schneider (2011) regen in ihrem Lehrbuch ‚Mitbestimmung in der Bundesrepublik Deutschland' eine Perspektiverweiterung an:

> „[Es] sollten auch die betroffenen ArbeitnehmerInnen und damit der ‚dritte Akteur' in den betrieblichen Austauschbeziehungen zwischen Management, Interessenvertretung und Beschäftigten zu Wort kommen. Wichtig wäre demnach eine Erforschung von Beschäftigteninteressen und eine Forschungsmethodik, die eine Interessenartikulation durch die Beschäftigten selbst erlaubt." (Ebd.: 180)

Vier neuere/geplante Studien greifen dieses Defizit auf und tragen dazu bei, diese fehlende Perspektive in die Betriebsräteforschung einzubringen.

Eine umfassende Studie, „EinMit – Einstellungen zur Mitbestimmung", startete im Frühjahr 2013 unter Leitung von Werner Nienhüser an der Universität Duisburg/Essen. Das Projekt will sowohl mit qualitativen als auch quantitativen Methoden die Einstellungen von Menschen im erwerbsfähigen Alter zur Mitbestimmung erfassen und Ursachen für Einstellungsunterschiede identifizieren. Der Schwerpunkt bei der Datenerhebung liegt auf der Einstellungen jüngerer Menschen.

André Holtrup (2008) erforscht in „Individualisierung der Arbeitsbeziehungen?" die Ansprüche von Beschäftigten an Arbeit und Interessenvertretung.

Uwe Wilkesmann, Maximiliane Wilkesmann, Alfredo Virgillito und Tobias Bröcker (2011) analysieren die „Erwartungen an Interessenvertretungen" anhand repräsentativer Umfragedaten.

Das Schweizer Forscherteam Ursula Rami und Andreas Hunger führt aktuell ein Projekt mit dem Titel „Betriebsratsarbeit am Maßstab der Belegschaft" durch. Erste Teilergebnisse („Vertrauen als Legitimation für die Betriebsratsarbeit") wurden 2011 publiziert (vgl. Hunger/Rami 2011). Die Ergebnisse dieser drei bereits laufenden bzw. kürzlich abgeschlossenen Studien sollen in den folgenden Abschnitten kurz vorgestellt werden.

Holtrup (2008): „Individualisierung der Arbeitsbeziehungen"

André Holtrup untersucht, welchen Stellenwert Betriebsräte und Gewerkschaften heute für Beschäftigte haben. Methodisch bedient sich Holtrup eines qualitativen Ansatzes (Interviews mit Betriebsräten und Beschäftigten).

Seine Ergebnisse, die für die vorliegende Arbeit relevant sind: Der subjektive Stellenwert, den Betriebsräte bei ihren Belegschaften haben, resultiert einerseits aus betriebsspezifischen Schwerpunkten der Betriebsratsarbeit in den jeweiligen Unternehmen und andererseits aus dem jeweiligen Selbstverständnis der Arbeitnehmer. Die meisten Arbeitnehmer halten die advokatorische Funktion (Lösung individueller Probleme) des Betriebsrats zwar für wichtig – ebenso die meisten erklären aber gleichzeitig, den Betriebsrat selbst nicht zur Lösung individueller Probleme hinzuzuziehen. Holtrup interpretiert diesen Widerspruch als Realisierung symbolischer Distinktionsgewinne: Der Interviewpartner sehe sich in der betrieblichen Hierarchie derart positioniert, dass er seine Probleme selbst lösen könne. Für andere, schwächere, weniger verhandlungsstarke Beschäftigte sei der Betriebsrat nach Angaben derselben Befragten aber wichtig. Die Informationsfunktion des Betriebsrats spielt für Beschäftigte eine sehr große Rolle – nämlich immer dann, wenn das Unternehmen selbst keine professionelle Informationsarbeit betreibt.

Wilkesmann et al. (2011a): Erwartungen an betriebliche Interessenvertretungen

Die Autoren dieser Studie stellen fest, dass „die Sichtweise der abhängig Beschäftigten und ihre Erwartungen an betriebliche Interessenvertretungen (...) bislang kaum systematisch erfasst und empirisch erforscht" (Wilkesmann et al. 2011a: 12) worden sind. Ihre zentrale Forschungsfrage lautet: „Wie lassen sich diese Erwartungen abhängig Beschäftigter an betriebliche Interessenvertretungen anhand bestimmter sozialer Milieus klassifizieren?" (Wilkesmann et al. 2011b: 206). Die Forscher bedienen sich eines quantitativen Ansatzes und erheben Anspruch auf Repräsentativität ihrer Daten.

Ergebnis ist eine Milieulandkarte, die verschiedene Beschäftigtenmilieus (nach Berufsprestige und Mitbestimmungsaffinität) ausweist und jeweils deren Erwartungen an ihre Interessenvertreter[1] in Form eines sogenannten „Erwartungsrings" abbildet (vgl. dazu Wilkesmann et al. 2011a: 120ff.). Auf jedem „Erwartungsring" sind fünf mögliche Erwartungen eingetragen, die vorab mithilfe einer qualitativen Vorerhebung und Literaturstudien ermittelt wurden. Diese Erwartungen sind:

1. Erwartungen an die persönliche Unterstützung
2. Erwartungen an die Funktion als Sprachrohr der Belegschaft
3. Erwartungen an die Funktion als Kontrolleur über die Einhaltung von Gesetzen, Tarifverträgen usw.

---

1 Die Autoren unterscheiden in ihrer Auswertung nicht die Beschäftigten, die von Betriebsräten bzw. von Personalräten (im öffentlichen Dienst) vertreten werden. Deswegen sprechen sie stets von „Interessenvertretungen" im Allgemeinen.

4. Erwartungen an die Funktion der Interessenvertretung als Manager im Unternehmen (vergleichbar mit der Funktion des „Co-Managers“)
5. Erwartungen an die Informationsfunktion der Interessenvertretung.

Die Ergebnisse der Studie sind ausführlich in Wilkesmann et al. 2011a und knapper in Wilkesmann et al. 2011b dargestellt. Im Folgenden sollen nur die für dieses Buch relevanten Ergebnisse zusammengefasst werden.

Zu Beginn der telefonischen Befragung wurden die Teilnehmer gefragt, wie sie ihren Informationsstand über Interessenvertretungen einschätzen. 15,4 Prozent der Befragten antworteten mit dem Minimalwert ‚gar keine Ahnung‘. Die Autoren der Studie interpretieren das als „erfreulicherweise sehr gering“ (vgl. Willkesmann et al. 2011a: 121). Umgekehrt betrachtet sind die Zahlen jedoch auch pessimistischer interpretierbar: 25,6 Prozent dieser Befragten werden von einer Interessenvertretung vertreten. Das heißt: Eine hohe Zahl von Befragten (rund 120 bei 3.000 Befragten) gibt an, „gar keine Ahnung“ über Interessenvertretungen zu haben, obwohl in ihrem Unternehmen ein Betriebs- oder Personalrat existiert. Dies ist vor dem Hintergrund bemerkenswert, dass der Minimalwert ‚1 – gar keine Ahnung‘ nur der schlechteste auf einer Skala von 1 bis 5 ist. 64,1 Prozent der Befragten stufen ihr Wissen als mittelmäßig oder niedrig ein.

Ein für die vorliegende Arbeit wertvoller Aspekt der Studie wurde leider nicht veröffentlicht: So wurden alle Befragten, die von einer Interessenvertretung vertreten sind, mithilfe einer 5er-Likert-Skala nach ihrer Ist-Erwartung und nach ihrer Soll-Erwartung in Bezug auf die fünf Erwartungs-Items befragt. Mangels Varianz wurden diesen Daten nicht berücksichtigt. Stattdessen wurden alle Befragungsteilnehmer gebeten, die fünf Erwartungs-Items danach zu sortieren, wie wichtig sie ihnen persönlich sind. So wurden sie zu einer Entscheidung gezwungen, selbst wenn ihnen mehrere Items ähnlich oder gleich wichtig waren. Für den weiteren Verlauf der vorliegenden Arbeit sind diese Ergebnisse deswegen nur unter Berücksichtigung dieser Einschränkung zu interpretieren. Die wichtigsten Erwartungen (an erster oder zweiter Stelle platziert) aller Befragten sind mit Abstand die Erwartung nach persönlicher Unterstützung (68 Prozent) und die Erwartung an die Sprachrohrfunktion (67,9 Prozent) der Interessenvertretung. Am geringsten sind die Erwartungen an die Funktion als Co-Manager (17,7 Prozent). Dazwischen rangieren die beiden anderen Funktionen ‚Kontrolle‘ (39,4 Prozent) und ‚Information‘ (29,8 Prozent) (vgl. Wilkesmann 2011a: 103). Laut Resümee der Autoren (ebd.: 169ff.) besteht kein Milieu, das die Mitbestimmung fundamental ablehnt: „Es lässt sich kein neoliberales Milieu finden, welches aus politischer Überzeugung oder sonstigen Gründen überhaupt nichts vom Thema Mitbestimmung hält“ (vgl. ebd.: 170).

Rami/Hunger (2011): Vertrauen in Betriebsräte

Ursula Rami und Andreas Hunger (2011) diagnostizieren einen Wandel der Rolle Schweizer Betriebsräte von der einer Schutzmacht zu einem Gestalter (vgl. auch die Diskussion um den Typus Co-Manager). Dieser Wandel bedingt eine „neue Nähe zur Arbeitgeberseite" (ebd.: 168). Bestehende Vertrauensverhältnisse zwischen Betriebsrat und Belegschaft drohen sich zu zersetzen. Rami/Hunger kritisieren, dass betriebssoziologische Studien in der Vergangenheit davon ausgingen, „dass das Vertrauen der Belegschaft in den Betriebsrat durch Betriebsratswahlen a priori sichergestellt wird und folglich nicht weiter beachtet werden muss" (ebd.: 169). Im Gegenteil sei dieses Vertrauensverhältnis besonders fragil, weil in Arbeitsbeziehungen um knappe Mittel gekämpft wird (vgl. ebd.). Hinzu kommt, dass gerade mit der Wahl das Betriebsratsmitglied eine Sonderposition außerhalb der Kollegenschaft einnimmt, was zu Entfremdung führen kann (vgl. ebd.: 171). In ihrer quantitativen Studie gehen die Autoren unter anderem folgender Frage nach: „Welche Einflussgrößen bestimmen eine vertrauensvolle Beziehung zwischen Belegschaft und Betriebsrat?" (ebd.). Rami/ Hunger (2011) finden einen signifikanten Einfluss des Arbeitsverhältnisses auf das Vertrauen in den Betriebsrat. Überraschend sind es (das gilt jedenfalls für die Schweiz) die Angestellten, die ein höheres Vertrauen haben als die Arbeiterschaft (vgl. ebd.: 183). Die Autoren erklären dieses Ergebnis wie folgt: Betriebsräte seien Angestellten näher – hinsichtlich ihrer „Weltsicht" (ebd. 183), ihrer „Spielregeln, mit denen [...] sozialpolitische Errungenschaften ausverhandelt werden" (ebd.), und ihrer „Denk-, Wahrnehmungs- und Handlungsschemata" (ebd.: 184). Eine hohe Aktivität des Betriebsrats als auch – und das ist wenig überraschend – eine hohe Zufriedenheit mit dem Betriebsrat, führen zu höherem Vertrauen (vgl. ebd.). Interessant ist, dass diese Korrelationen unabhängig voneinander gelten. Also: Das Vertrauen steigt bereits durch die bloße Sichtbarkeit von Betriebsratsarbeit.

Die drei Studien fragen nach dem Status quo dreier unterschiedlicher Aspekte der Beziehung zwischen Betriebsrat und Belegschaft: nämlich des Stellenwerts (Holtrup 2008), der Erwartungen (Wilkesmann et al. 2011a) und des Vertrauens (Rami/Hunger 2011). Die vorliegende Studie unterscheidet sich davon, weil sie nicht nach Zuständen, sondern nach den Ursachen von Prozessen fragt (nämlich Veränderungen in der Beziehung). Ein weiterer wichtiger Unterschied: Diese Studie bedient sich weitgehend nicht-intendierter Forschungsdaten (nämlich Forenbeiträgen). Die analysierten Aussagen von Beschäftigten über ihre Betriebsräte sind durch den Forschungsprozess nicht beeinflusst. Dazu mehr im nun folgenden Kapitel.

3. Methodologische Ausrichtung

In dieser Studie sollen die Ursachen eines Phänomens erkundet werden, weswegen auf eine qualitative Methode zurückgegriffen wird. Darunter fallen solche Forschungsansätze, die „Lebenswelten ‚von innen heraus' aus der Sicht der handelnden Menschen (...) beschreiben" (Flick et al. 2003: 14) sowie „zu einem besseren Verständnis sozialer Wirklichkeit(en) beitragen und auf Abläufe, Deutungsmuster und Strukturmerkmale aufmerksam machen" (ebd.), um grundlegende Erkenntnisse über soziale Phänomene zutage zu fördern, die weder Außenstehenden noch beteiligten Akteuren bewusst sind.

Die qualitative Methode ‚Grounded Theory', die von Anselm Strauss und Barney Glaser (1967) gemeinsam begründet und nach einer programmatischen Auseinandersetzung später getrennt voneinander weiter entwickelt wurde (vgl. Strauss 1987; Strauss/Corbin 1990; 1994), drängte sich bei der vorliegenden Fragestellung auf. Im Unterschied zu quantitativen und auch einigen qualitativen Verfahren erfordert die Grounded Theory (‚gegenstandsbegründete Theoriebildung') keine vorab formulierten Annahmen zum Untersuchungsgegenstand (vgl. Flick et al. 2003: 17). Vielmehr hilft sie, die „in den Daten schlummernden Theorien zu entdecken" (Strauss 2004: 51). In einem explorativ-interpretativen Prozess sollen Konzepte und Kategorien an konkreten Fällen identifiziert und zu einer Theorie verdichtet werden. Und genau das war angestrebt: eine Theorie über die Ursachen von Desinteresse und Ablehnung von Beschäftigten gegenüber der Institution Betriebsrat.

Datensammlung, Analyse und Theoriebildung bauen in der Grounded Theory nicht zwangsläufig aufeinander auf, sondern stehen reflexiv zueinander. Diese Freiheit erwies sich für diese Studie, die empirisches Material aus drei verschiedenen Erhebungsmethoden zur Grundlage hat, als sehr fruchtbar. Eigene Zwischenergebnisse bestimmten stets die weiteren Schritte. Das Forschungsdesign war nicht von vornherein detailliert durchgeplant, weil es an Vergleichsstudien fehlte, die zur Orientierung gedient hätten.

Das Forschungsvorgehen orientierte sich an drei zentralen Merkmalen der Grounded Theory nach Anselm Strauss (2004):

1) Daten: Gemäß dem weiten Datenbegriff der Grounded Theory wurde auf Daten verschiedener Quellen zurückgegriffen, um die Wahrnehmungen sowohl von Betriebsräten als auch von möglichst unterschiedlichen Beschäftigten zu berücksichtigen. So fanden insgesamt drei Arten empirischen Materials Eingang in die Untersuchung: Interviews, Beiträge aus Internetforen sowie die Ergebnisse zweier Gruppendiskussionen. Als Interviewpartner konnten acht Betriebsratsmitglieder aus fünf verschiedenen Unternehmen gewonnen werden; bei den Internetforen wurden gerade solche Beiträge erhoben, die nicht von Betriebsräten[1], sondern von Arbeitnehmerinnen und Arbeitnehmern verfasst wurden; an den beiden Gruppendiskussion nahmen im ersten Fall acht Betriebsräte aus vier verschiedenen Unternehmen und im zweiten Fall acht Betriebsräte aus sieben verschiedenen Unternehmen teil, die nicht identisch mit den Interviewpartnern waren. Das so erhobene Material ist sehr unterschiedlich: Die Interviewtranskripte wurden gezielt im Forschungsprozess generiert, was eine intendierte Erhebungssituation darstellt. Dasselbe gilt für die Gruppendiskussion. Die Forenbeiträge jedoch sind unabhängig vom Forschungsprozess (nicht-intendierte Erhebungssituation): Die Autoren der Beiträge wussten nicht, dass ihre Aussagen zur Beantwortung einer bestimmten Forschungsfrage herangezogen werden. Sie sind damit weder durch den Forscher noch durch den Forschungsprozess beeinflusst.

2) Erhebungsverfahren: Die empirischen Erhebungen folgten der Methode des theoretischen sampling, also in mehreren Schritten und im Wechsel mit Auswertungsphasen. So wurde das erste Interview gleich nach Erhebung transkribiert (Transkriptionssystem angelegt nach Kuckartz et al. 2008) und ausgewertet, um Leitfaden und Ablauf des dann jeweils folgenden Interviews anzupassen. Ergebnisse der Interviewphase flossen wiederum in den Erhebungsprozess der Forenbeiträge ein. Dieser Erhebungsprozess erstreckte sich über Wochen, wurde immer wieder zur Auswertung unterbrochen und beeinflusste dann den weiteren Erhebungsverlauf. Ein solches Vorgehen setzt voraus, dass keine allgemeine Repräsentativität angestrebt wird,

> „sondern eine exemplarische oder symptomatische Repräsentativität. Denn komplexe Sachverhalte sollen [in der Grounded Theory] am auffindbaren Typischen (Idealtypen, Extremtypen, Prototypen ...) aufgezeigt werden." (Rastetter 2008: 173)

3) Auswertung: Das Datenmaterial wurde, wo immer möglich, theoretisch kodiert. Die Codes sollten nicht nur der Klassifikation oder reinen Beschreibung dienen, sondern schon in einem frühen Stadium der Auswertung theoretische Konzepte und Kategorien (= höherwertige Konzepte) offenbaren. Dies erlaubt eine Verdichtung zu gegenstandsbezogenen Theorien, die einen Erklärungswert für das untersuchte Phänomen der ‚Betriebsräte-Verdrossenheit' haben (vgl. Strauss 2004: 59). Die ersten Konzepte waren noch nah am Material formuliert und dienten als Vergleichs- und Kontrastfolie für Konzepte, die in weiteren Erhebungs- und Analyseschritten entstanden (axiales Kodieren). So ergaben sich immer wieder neue Zusammenhänge, die nach und nach zu übergeordneten Ka-

1 Vereinzelt werden auch Beiträge von Betriebsratsmitgliedern herangezogen, um bestimmte Aspekte tiefer gehend zu beleuchten. Darauf lag bei der Erhebung aber kein Schwerpunkt.

tegorien verdichtet wurden. Der weitere Kodierungsprozess wurde strukturierter und selektiver, bis eine theoretische Sättigung eintrat. Das heißt konkret: Es zeigten sich drei gegenstandsbegründete Theorien, die sich mit dem bereits erhobenen empirischen Material nur noch weiter untermauern, aber nicht mehr angreifen ließen. Darüber hinaus blieben Kategorien ‚übrig', die sich mit dem vorliegenden empirischen Material nicht zu gegenstandsbegründeten Theorien verdichten ließen. Diese Kategorien lassen sich vorerst also nur als Kategorisierung von Einzelfällen betrachten und sind damit nicht zur Generierung stichhaltiger Theorien geeignet. Weil sie als Einzelfälle aber trotzdem eine Erklärungskraft besitzen und vor allem zu weiterer Forschung anregen können, werden diese Kategorien im Kapitel ‚Ausblick' kurz skizziert.

3.1 Erhebung und Auswertung

Die Datenerhebung und -auswertung erfolgte in vier Schritten:

1. Leitfadengestützte Interviews mit Betriebsräten und Auswertung
2. Erhebung und induktive Auswertung von Internet-Diskussionsforen
3. Gruppendiskussion über die in Schritt 2 entwickelten Kategorien
4. Gruppendiskussion der nach Schritt 3 generierten gegenstandsbezogenen Theorien.

Schritt 1: Offene Interviews und ihre Auswertung

Es wurden Unternehmen angeschrieben, die folgende Merkmale erfüllten: mindestens 500 Beschäftigte; Unternehmenssitz im Umkreis von 25 Kilometern um das Postleitzahlengebiet 40699; Rechtsformen GmbH, AG, KG oder OHG. Das Adressmaterial wurde mithilfe einer Adressdatenbank ermittelt.

Welche Funktion haben diese Einschränkungen? Die so ermittelte Grundgesamtheit enthält 213 Unternehmen. Dies ist eine Anzahl, deren Ansprache per Postbrief auch mit dem engen Budget finanziert werden konnte, das der nicht finanziell geförderten Qualifikationsarbeit zur Verfügung stand.

Die Beschränkung auf große Unternehmen stellte außerdem sicher, dass möglichst wenige Unternehmen angeschrieben wurden, in denen kein Betriebsrat existiert, obwohl Angaben darüber in der Adressdatenbank nicht hinterlegt waren. Während nämlich nur 22 Prozent aller deutschen Betriebe einen Betriebsrat haben, sind es in Betrieben mit mehr als 500 Beschäftigten 94 Prozent (vgl. Hauser-Ditz/Hertwig/Pries 2006: 4). Die Rechtsformen wurden eingeschränkt, um möglichst viele Betriebe auszuschließen, die nicht unter das Betriebsverfassungsgesetz fallen und damit andere Vertretungsorgane (z.B. Personalvertretungen oder Mitarbeitervertretungen) haben. Die räumliche Ausdehnung des Adressmaterials beinhaltet unter anderem die Städte Düsseldorf, Erkrath, Hilden, Ratingen, östliche Stadtteile von Mönchengladbach sowie wenige nördliche Stadtteile von Köln.

Weil keine Ansprechpartner bekannt waren, wurden die Briefe wie folgt adressiert:

An den Betriebsrat
Musterunternehmen
Musterstr. 1
40111 Musterstadt

Frankiert wurden die Briefe per Standardbriefmarke. So konnte im Gegensatz zum Versand als Infobrief sichergestellt werden, dass möglichst wenige Briefe fälschlicherweise als Werbung identifiziert und weggeworfen würden. Das Anschreiben enthielt die Bitte um einen Interviewtermin mit Zeitangabe (45 Minuten), Informationen über das Thema des Interviews und es machte transparent, dass es sich bei der Studie um eine Qualifikationsarbeit handelt. Die Empfänger wurden aufgefordert, per Faxantwort (Rückseite des Anschreibens), E-Mail oder Telefon zu antworten.

Es meldeten sich sechs Betriebsräte. In einem Fall war die Betriebsrätin nur zu einem telefonischen Interview bereit, das dann aber von ihr immer wieder aufgeschoben wurde und letztlich nicht zustande kam. Die anderen fünf Termine fanden zeitnah in den Räumlichkeiten der Betriebsräte statt, wurden (in einem Fall auf Wunsch des Betriebsrats nur teilweise) aufgezeichnet und dauerten zwischen 40 Minuten und zwei Stunden. In drei Fällen war der Betriebsratsvorsitzende anwesend, in zwei Fällen neben dem Betriebsratsvorsitzenden zusätzlich weitere freigestellte Mitglieder. Die Betriebsräte vertraten in zwei Fällen die Beschäftigten von Krankenhäusern und in den anderen Fällen jeweils die Beschäftigten eines mittelständischen Metall-verarbeitenden Unternehmens, einer Schlachterei und eines Modeunternehmens.

Zu Beginn des Gesprächs bekamen die Interviewpartner eine unterschriebene Erklärung darüber, dass das Interview ausschließlich wissenschaftlichen Zwecken dient, die Tonaufzeichnung schon während der Transkription anonymisiert und die Tondatei anschließend gelöscht wird und dass der Interviewer in der Vergangenheit keinen Kontakt zu leitenden Mitarbeitern des Unternehmens hatte und auch in nächster Zukunft keinen Kontakt anstrebt. Überraschend war, dass alle Interviewpartner das Schreiben dankend annahmen und sorgfältig zu ihren Unterlagen legten.

Folgende Gemeinsamkeiten des Samples sind auffällig: Die Unternehmensgrößen liegen zwischen 500 und 1.300 Beschäftigten. Großunternehmen oder Konzerne haben nicht reagiert. Keiner der Betriebsräte im Sample verfügt über Mitarbeiter, die Briefe öffnen und vorsortieren. Die Interviewpartner haben den

Brief stets selbst geöffnet. Insofern ist zu vermuten, dass Betriebsräte mit einem professionellen Sekretariat (meist in größeren Unternehmen) nicht per Brief eines unbekannten Absenders für Interviewzwecke zu erreichen sind. Keiner der Betriebsräte im Sample ist aktiv in Gewerkschaftsarbeit eingebunden, drei Betriebsräte sehen Gewerkschaften eher skeptisch, ein Betriebsrat lehnt die für ihn zuständige Gewerkschaft sogar ab. Alle Interviewpartner gaben an, mit ihrer Geschäftsleitung verhältnismäßig vertrauensvoll zusammenzuarbeiten. Keines der Unternehmen im Sample war zum Zeitpunkt des Interviews in irgendeiner Form wirtschaftlich angeschlagen.

Ziel der Interviews war es herauszufinden, wie sich Desinteresse oder Abneigung vonseiten der Belegschaft für Betriebsräte in ihrem Arbeitsalltag bemerkbar machen. Um das Sample nicht zu verzerren und den Gesprächsverlauf nicht zu determinieren, wurde das Thema des Interviews im Anschreiben eher bedeckt formuliert: „Es geht um die Funktion und Gestaltung von Betriebsversammlungen." Entsprechend früh wurde im Interview die Frage aufgeworfen, wie häufig Betriebsversammlungen veranstaltet werden und wie gut sie besucht sind. Die Angaben schwankten zwischen rund 2 und 85 Prozent, wobei sich alle Interviewpartner (auch der Betriebsrat mit der vergleichsweise hohen Beteiligung von 85 Prozent) enttäuscht über zu geringe Beteiligung zeigten. Darauf folgte dann die Frage, wie sich die Interviewpartner die aus ihrer Sicht zu geringe Beteiligung erklären, was dann die gewünschte Reflexion über Desinteresse und Abneigung auslöste. Die Interviewpartner wurden also nicht mit der These konfrontiert, dass Desinteresse oder Abneigung existiert, sondern kamen von selbst darauf zu sprechen. Alle Interviews wurden selektiv transkribiert und mithilfe der PC-Software Atlas.TI codiert. Resümierend lässt sich festhalten, dass alle Interviewpartner sehr intensiv über institutionell-organisatorische Rahmenbedingungen gesprochen haben, es aber schwerfiel, die für die Fragestellung interessantere, subjektiv-soziale Dimension der Betriebsratsarbeit im Fokus zu halten.

Schritt 2: Erhebung und induktive Auswertung von Internet-Diskussionsforen

Nachdem die These gestützt war, dass strukturelles Desinteresse und teilweise offene Abneigung vonseiten der Belegschaft Themen sind, mit denen sich Betriebsräte auseinandersetzen müssen, sollte im nächsten Schritt den Ursachen nachgegangen werden. Zielgruppe der Erhebung waren also alle Beschäftigten, die von einem Betriebsrat vertreten werden und ihm gegenüber desinteressiert und ablehnend eingestellt sind. Einen ersten Zugang brachte eine Recherche mit der Suchmaschine Google nach dem Suchbegriff [„Mein Betriebsrat hat"]. Ergebnis waren diverse Erfahrungsberichte in Internet-Diskussionsforen (z.B.: „Mein Betriebsrat hat resigniert"/„Mein Betriebsrat hat gar keine Ahnung"/„Mein

Betriebsrat hat ein vertrauliches Gespräch brühwarm ... weitergegeben“). Also wurde die Suche auf weitere Suchbegriffe ähnlich dem oben genannten Beispiel ausgeweitet. Die zwanzig größten deutschen Internet-Diskussionsforen wurden außerdem gezielt nach den Suchbegriffen „Betriebsrat“ und „Betriebsräte“ durchsucht. Allein mit dieser Suche in den größten Diskussionsforen konnten rund 140 Millionen deutschsprachige Textbeiträge auf Äußerungen mit Bezug zum Forschungsthema erkundet werden. Weiterhin wurden kleinere Internetforen durchsucht, die sich Themen widmen, in denen spezielle Zielgruppen schreiben (Eltern, Fluglotsen, Rennradfahrer, Besitzer verschiedener Hunderassen, Bodybuilder, Vielflieger, Bahnkunden, Pflegepersonal, Sicherheitspersonal). Auf diese Weise wurden Hunderte Fälle entdeckt, in denen sich Nutzer kritisch über Betriebsräte äußern. Es wurden alle Fälle aussortiert, aus denen hervorging, dass nicht Beschäftigte, sondern zum Beispiel Selbstständige oder Führungskräfte über ihre Meinung zu Betriebsräten berichten. 412 Fälle blieben übrig, in denen erkennbar Beschäftigte kritisch über konkretes Handeln ihres Betriebsrats berichten oder in denen von Beschäftigten das Thema ‚betriebliche Mitbestimmung‘ kontrovers diskutiert wird. Einige dieser Fälle beinhalten nur eine einzelne Aussage, andere bestehen aus mehrtägigen Diskussionen mit bis zu 200 Einzelbeiträgen und Dutzenden Mitdiskutanten. Alle Beiträge wurden mithilfe einer Software (Evernote) archiviert. Zur groben Orientierung: Die Anschläge aller ausgewerteten Beiträge zusammen ergeben ein Dokument, das etwa einem 700-seitigen Buch im hier vorliegenden Format entspricht.

Sämtliche Forenbeiträge wurden mithilfe der PC-Software Atlas.TI induktiv codiert. Dabei wurden 221 Konzepte 1.051 relevanten Textausschnitten zugeordnet. In einem weiteren Schritt wurden die Konzepte zu zwölf theoretischen Kategorien verdichtet. 17 (der 221) Konzepte ließen sich keiner Kategorie zuordnen, weil sie höchst individuelle Konfliktfälle beschreiben. Innerhalb der jeweiligen Kategorien konnten in einem dritten Schritt verschiedene Konzepte wiederum zu Unterkategorien zusammengefasst werden.

Schritt 3: Gruppendiskussion über die in Schritt 2 entwickelten Kategorien

Die Konzepte sowie ihre Verdichtung zu theoretischen Kategorien wurden als hierarchisch aufgebaute Baumansicht auf ein DIN-A1-Plakat gedruckt und in einer Gruppendiskussion (vier Diskussionseinheiten an vier aufeinanderfolgenden Tagen zu je 90 Minuten) mit acht Betriebsräten aus vier unterschiedlichen Unternehmen diskutiert. Die Diskussionen wurden vom Autor moderiert.

Drei Betriebsräte (eine Frau, zwei Männer, darunter der Vorsitzende) kamen von einem süddeutschen Flughafen; zwei Betriebsräte (zwei Männer, darunter der Konzernbetriebsratsvorsitzende) von einer Baumarktkette; zwei weitere Betriebsrätinnen (zwei Frauen) von einer anderen Baumarktkette und eine Betriebsrätin (Vorsitzende) aus einem mittelständischen Metall-verarbeitenden Unternehmen.

Die vier Sitzungen fanden am Rande eines einwöchigen Seminars zum Thema „Die Öffentlichkeitsarbeit des Betriebsrats" statt, zu dem sich die Teilnehmer angemeldet hatten. Jeweils zu Beginn der zweiten Hälfte eines Seminartages versammelten sich die Teilnehmer um das Plakat und wählten Konzepte aus, über deren empirischen Hintergrund sie mehr erfahren wollten. Ihnen wurden dann Textauszüge aus dem empirischen Material gezeigt, auf denen das ausgewählte Konzept beruht. Auf diese Weise kamen die Betriebsräte in eine Diskussion darüber, inwiefern das jeweilige Konzept für ihren Arbeitsalltag relevant ist. Neue Aspekte wurden aufgenommen und gegebenenfalls einer Kategorie zugeordnet. Vorhandene Konzepte, die keiner der Teilnehmer nachvollziehen konnte, wurden zunächst markiert und teilweise im Kreise der Betriebsräte, teilweise erst im Nachhinein durch einen tieferen Blick in das empirische Material oder durch eine zusätzliche zielgerichtete Erhebung bestätigt oder auch verworfen.[2]

Schritt 4: Gruppendiskussion der nach Schritt 3 generierten gegenstandsbegründeten Theorien

Die Kategorien wurden zu drei gegenstandsbegründeten Theorien verdichtet. Ein solcher interpretativer Prozess muss zu einem Ergebnis führen, das nicht nur vom Forscher selbst, sondern auch von Dritten nachvollzogen und als stichhaltig akzeptiert werden kann. Um dies zu prüfen, wurden die Theorien und ihr empirischer Hintergrund wiederum mit einer Gruppe von acht Betriebsräten aus sieben verschiedenen Unternehmen diskutiert.

Zwei Betriebsräte kamen von der Servicegesellschaft eines Medienkonzerns (darunter der Vorsitzende); ein Betriebsratsvorsitzender von einem Papierhersteller (gleichzeitig Vorsitzender des europäischen Betriebsrats innerhalb seines Konzerns); ein Betriebsratsvorsitzender von einem Anlagenbauer (gleichzeitig Vorsitzender eines Ortsverbands der IG Metall); ein Betriebsrat aus der Servicegesellschaft eines Klinikunternehmens; ein Betriebsrat aus einem Telekommunikationsunternehmen; ein Betriebsrat aus einer Baumarktfiliale sowie ein Betriebsratsvorsitzender von einem Logistikdienstleister.

Auch diese Gruppendiskussion fand am Rande eines einwöchigen Seminars zum Thema „Die Öffentlichkeitsarbeit des Betriebsrats" statt, zu dem sich die Teilnehmer angemeldet hatten, und dauerte insgesamt vier mal 90 Minuten über drei Tage verteilt. Der Ablauf der Diskussion orientierte sich an der Gliederung der empirischen Kapitel 5, 6 und 7 der vorliegenden Studie. Aussagekräftige

2 Alle an der Diskussion beteiligten Betriebsräte sahen ihre tatsächliche Situation in den Kategorien widergespiegelt.

Zitate aus den Forenbeiträgen wurden den Teilnehmern gezeigt und sollten kurz diskutiert werden. Im Gegensatz zur ersten Gruppendiskussion, in der sich der Moderator/Autor inhaltlich an der Diskussion nicht beteiligte, erläuterte er diesmal nach einer kurzen freien Diskussionsphase die Bedeutung des jeweiligen Zitats für die Generierung der Theorie. Meldeten die Teilnehmer der Gruppendiskussion Zweifel an der Erklärungskraft eines Zitats zur jeweiligen Theorie an, wurde der Punkt ausführlicher diskutiert. Dabei nahm der Moderator eine möglichst selbstkritische Rolle ein, das heißt: Die Kritik der Teilnehmer hatte Vorrang, die bestehenden Argumente wurden nicht verteidigt, sondern allenfalls tiefer gehend erläutert. Eine frühere Form der gegenstandsbegründeten Theorie des Kapitels 5 (Missachtung von Bedürfnissen nach Selbstbestimmung) wurde kontrovers diskutiert. Die Teilnehmer brachten Erfahrungen ein, die manchen Kategorien, auf denen die Theorie aufbaute, nicht entsprachen. Dies zeigte, dass die betroffenen Kategorien für diese Theorie keine stichhaltige Erklärungskraft besaßen. Die gegenstandsbezogene Theorie des Kapitels 5 musste also um einige Aspekte gekürzt und in einigen Aspekten modifiziert werden, konnte jedoch entsprechend angepasst aufrechterhalten bleiben. In einer Abschlussrunde äußerten sich alle Diskussionsteilnehmer positiv zu den gegenstandsbezogenen Theorien und zogen Schlüsse für ihre eigene Betriebsrats- und Gewerkschaftsarbeit.

3.2 Internet-Foren als Quelle empirischer Daten

Internet-Foren sind virtuelle Plätze, auf denen Informationen, Erfahrungen und Gedanken ausgetauscht oder Fragen gestellt, diskutiert und beantwortet werden – meist unter Verwendung von Pseudonymen. Nutzerinnen und Nutzer nehmen mittels PC oder mobilen Geräten (Smartphone, Tablet) an den schriftlichen Diskussionen teil. Die Verläufe werden gespeichert und bleiben (bis auf wenige Ausnahmen) öffentlich einsehbar, d.h. Nutzerinnen und Nutzer können zeitunabhängig in Diskussionen einsteigen oder bereits versiegte Diskussion auch Jahre später wieder aufnehmen.

Die meisten Internet-Foren wenden sich an spezielle Zielgruppen, die sehr weit (z.B. ‚Frauen‘ bei gofeminin.de) oder sehr eng (z.B. ‚Faltradnutzer‘ bei faltradforum.de oder ‚Kuckucksuhren-Liebhaber‘ bei kuckucksuhr.net) gefasst sein können. Für themenabweichende Diskussionsstränge gibt es Unterforen (z.B. unter dem Stichwort ‚Plauderecke‘), in denen sich Nutzerinnen und Nutzer über ihren Alltag austauschen. Für Sozialforscherinnen und -forscher sind Internet-Foren und ganz speziell die ‚Plauderecken‘ eine Fundgrube natürlicher Daten, die auf anderem Wege gar nicht oder nur mit sehr hohem Aufwand zu erheben wären.

Seit den 90ger-Jahren sind das Internet und im speziellen auch Online-Diskussionsangebote Forschungsgegenstand der Sozialforschung. Typische Fragen sind: Wie wird das Internet von wem genutzt? Wie verbreitet sind die Zugänge? Wie funktioniert elektronisch-vermittelte Kommunikation in unterschiedlichen Internet-Diensten? Welche Auswirkungen haben Internetdienste auf die ‚reale Welt‘ (z.B. Wahlkämpfe, Absatzmärkte)? Im Gegensatz zu solchen Fragestellungen sind das Internet bzw. die Internet-Foren für die vorliegende Studie jedoch ausdrücklich kein Gegenstand, sondern Datenquelle – und das erfordert eine eigene Methodenreflexion: Welche Besonderheiten weisen Internet-Forenbeiträge als empirische Daten auf? Welche Qualität hat das so erhobene Material?

Die Auswertung von Internet-Forenbeiträgen ist ein non-reaktives Verfahren der indirekten Beobachtung. Das Material ist unabhängig von Einflüssen der Forscherin oder des Forschers bzw. des Forschungsziels entstanden und ist damit in dieser Hinsicht frei von Verzerrungen. Auch forschungspraktisch bietet das Verfahren einen großen Vorteil: Die Daten sind vergleichsweise kostengünstig zu erheben – ein Internetzugang und fortgeschrittene Kenntnisse verschiedener Suchsyntaxen reichen für den Einstieg in die Erhebung. Soweit zu den offensichtlichen Vorteilen.

Michael Parzer (2008: 103ff.) reflektiert u.a. anhand der Faktoren Oraliteralität und Anonymität die Besonderheiten von Forenbeiträgen als empirisches Material. Er kommt zu folgenden Ergebnissen: Computervermittelte Kommunikation enthält wesentliche Aspekte der Mündlichkeit. „Die/der typische Internetforen-UserIn verfolgt mehrere Diskussionen gleichzeitig – und agiert entsprechend rasch und spontan“ (ebd.). Dies führt aber nicht zu oberflächlichen Diskussionen. Denn die „meisten TeilnehmerInnen in Online-Foren sind daran interessiert, längerfristige Diskussionen zu führen bzw. sich ernsthaft über bestimmte Themen zu unterhalten. Sehr kurze oder nicht themengerechte Beiträge werden häufig sanktioniert“ (ebd.). Trotz aller Aspekte der Mündlichkeit sind Forenbeiträge dennoch textbasiert (deswegen „Oraliteralität“), was bei den Teilnehmerinnen und Teilnehmern zu einer „reflexiven Auseinandersetzung mit dem Geschriebenen“ (ebd.) führt. Oraliteralität enthält aber nicht nur die Vorteile aus beiden Welten, sondern auch die Nachteile: Im Vergleich zu Face-to-Face Kommunikation, wie sie zum Beispiel in Interviewerhebungen stattfindet, ist schriftliche Konversation anfälliger für Missverständnisse – Mimik, Gestik und sinnliche Wahrnehmung von Emotionen fehlen ebenso wie die Möglichkeit, Nachfragen zu stellen. Dies gilt es bei der Auswertung von Forenbeiträgen zu berücksichtigen.

Eine weitere Besonderheit von Diskussionen in Internetforen liegt in der Anonymität des Internets. Dies ist aus der Sicht qualitativer Forscherinnen und Forscher zunächst ein Vorteil – bietet Anonymität doch einen „Schutzraum (oder Hinterbühne)“ (ebd.: 107), der ehrliche Kommunikation begünstigt. Zwei mögliche Gefahren müssen jedoch berücksichtigt werden: Erstens kann Anonymität in Gruppendiskussionen zu einer Verzerrung in Form von Polarisierung führen. Heftig artikulierte „Aversionen, müssen nicht unbedingt die (tatsächliche) Stärke einer Ablehnung wiedergeben“ (ebd.: 109). Diese Verzerrung betrifft aber nur die Stärke, nicht die Richtung einer Aussage. Zweitens gilt besonders für die vorliegende Studie: Arbeitsbeziehungen sind von widerstreitenden Interessen geprägt. Die Anonymität erlaubt es Beschäftigten, besonders offen zu sein – sie erlaubt es aber auch der Gegenseite (z.B. Arbeitgebern, konkurrierenden oder ‚gelben‘ Gewerkschaften, politischen Gruppierungen), gezielt Fehlinformationen zu streuen oder anderweitig Einfluss auf die Meinungsbildung zu nehmen. Solche Manipulationen finden jedoch ebenso in Face-to-Face-Situationen statt, mit ganz realen Folgen für die Meinungsbildung auch außerhalb des Internets. Selbst wenn einige der Vorwürfe gegenüber Betriebsräten, die in die vorliegende Studie eingeflossen sind, tatsächlich manipulativ in die Online-Foren eingebracht wurden, so stehen sie trotzdem im Raum und werden von Beschäftigten rezipiert – mit ganz realen Folgen für die Beziehung zwischen Belegschaft und Betriebsrat. Diese Folgen sind unabhängig von der Authentizität der Beiträge selbst.

Eine dritte Besonderheit von Internetforen als Quelle empirischer Daten liegt in der Frage nach Repräsentativität. Qualitative Studien haben nicht den Anspruch, im statistischen Sinne repräsentative Daten zu erheben. Und doch wäre es bei der Theoriegenerierung zu berücksichtigen, wenn z.B. nur ganz bestimmte Beschäftigtentypen in Internet-Foren diskutieren, andere hingegen nicht. Grundsätzlich gibt es im Jahr 2013 innerhalb der berufstätigen Bevölkerung in Deutschlands keine ‚digitale Kluft‘ zwischen Internet-Nutzern und Nicht-Nutzern. Die ARD/ZDF-Onlinestudie (2013) belegt, dass 94,8 Prozent der Berufstätigen bzw. Auszubildenden das Internet zumindest gelegentlich nutzen. Was die Nutzung von Internet-Foren angeht, gibt es leider keine Zahlen. Das liegt auch daran, dass Diskussionsforen Bestandteil ganz unterschiedlicher Internet-Angebote sein können.

Um die Güte der Ergebnisse der vorliegenden Studie sicherzustellen, wurden alle in diesem Abschnitt diskutierten Aspekte in der Auswertungsphase stets mitreflektiert. Hinzu kommt ein weiterer, entscheidender Mechanismus: Die aus der Empirie hergeleiteten gegenstandsbegründeten Theorien wurden in zwei Gruppendiskussionen mit Betriebsräten aus unterschiedlichsten Unternehmen auf Plausibilität hin untersucht (vgl. dazu ausführlich Abschnitt 3.1). Ergebnisse, die dem Arbeitsalltag der Praktikerinnen und Praktiker zu widersprechen schienen, wurden als noch nicht empirisch gesättigt zurückgestellt.

4. Verdrossenheit: Haltung zwischen Kritik, Indifferenz, Gleichgültigkeit und Zufriedenheit

In den Sozialwissenschaften wird der Begriff „Verdrossenheit“ meist auf das politische System bzw. seine Akteure bezogen (Politikverdrossenheit, Parteienverdrossenheit, Politikerverdrossenheit oder Staatsverdrossenheit). Obwohl der Begriff Anfang der 90ger Jahren sehr populär war und 1992 sogar durch die Gesellschaft für deutsche Sprache zum „Wort des Jahres“ gewählt wurde, hat sich bis heute keine verbreitet akzeptierte Definition durchgesetzt.

Der Politikwissenschaftler Kai Arzheimer (2002) untersuchte 176 wissenschaftliche Arbeiten (die zwischen 1976 bis 1999 erschienen sind) zum Thema ‚politische Verdrossenheit‘. Ein Ergebnis: Nur 35 dieser Studien definieren den Begriff explizit, „wobei die Kriterien für eine explizite Definition bereits sehr weit gefaßt und beispielsweise auch die in der Literatur häufig anzutreffenden Kataloge von ‚Symptomen‘ mitgezählt werden“ (ebd.: 108). Kai Arzheimer erkennt keine echten semantischen Unterschiede zwischen (politischer) Verdrossenheit bzw. (politischer) Unzufriedenheit und plädiert deswegen, den Verdrossenheitsbegriff durch den Unzufriedenheitsbegriff zu ersetzen.

Die Beziehung zwischen Belegschaft und Betriebsrat ist jedoch eine andere als die Beziehung zwischen Bürgern und Politik. Sie ist viel unmittelbarer; man kennt sich persönlich; man läuft sich über den Weg; hat einen zumindest ähnlichen Informationsstand; das Themenspektrum ist vergleichsweise überschaubar; es sind keine PR-Profis und Massenmedien als Filter zwischengeschaltet; Entscheidungen sind schneller und direkter spürbar. Diese Möglichkeit der Nähe ist ein Grund dafür, warum sich die Beziehung zwischen Betriebsrat und Belegschaft differenzierter analysieren lässt und warum es sinnvoll ist, sich nicht auf einen Unzufriedenheitsbegriff zu beschränken, sondern ihn weiter aufzufächern.

4.1 Die Differenz von Unzufriedenheit und Verdrossenheit

Im Folgenden soll eine – zur Analyse der Beziehung von Betriebsräten und Belegschaft sinnvolle – Differenzierung des Unzufriedenheitsbegriffs ausgearbeitet werden, in der der Verdrossenheitsbegriff einen sinnvollen Platz findet.

Laut aktuellen Nachschlagewerken, wie zum Beispiel dem Duden oder dem elektronischen ‚Wortschatz‘ der Universität Leipzig, sind die Begriffe Verdrossenheit und Unzufriedenheit synonym zu verwenden. Um sich einer Differenz zu nähern, hilft ein Blick in Literaturklassiker vergangener Jahrhunderte. Dies mag für eine soziologische Studie ungewöhnlich sein – es hilft jedoch dabei, die

Differenz der Begriffe, die in den folgenden Kapiteln wichtig wird, detailliert und nachhaltig zu vermitteln. Eine reine Differenzbestimmung per Definition wäre nicht ausreichend.

Gerhart Hauptmann (1891) schreibt in seinem Drama „Einsame Menschen" folgende Szene: Der junge Privatgelehrte Johannes Vockerat, gerade Vater geworden, kommt mit seinem wissenschaftlichen Werk nicht weiter, an dem er gerade schreibt. Seine Mutter sieht seine Ungeduld und sagt zu ihm: „Ich möchte eben, dass Du zufrieden wärst, 'n zufriedener Mensch, Hannes" (ebd.: 16). Johannes antwortet:

> „Mutter! Das wirst Du nie erleben. Die zufriedenen Menschen, das sind die Drohnen im Bienenstock. Ein miserables Pack. (...) Der Junge da drin [sein Neugeborener], der soll mir auch so einer werden, so 'n recht Unzufriedener." (Ebd.)

Unzufriedenheit wird hier als positives Ergebnis von Aufklärung – als Mündigkeit verstanden. Die Zufriedenen sind dem gegenüber solche Menschen, die sich in Traditionen und willkürlicher Autorität einrichten und nicht nach einem Ausbruch streben. Der Unzufriedenheitsbegriff steht hier also für ein Fortkommen, der Zufriedenheitsbegriff hingegen für Stillstand.

Albrecht von Haller (1773) schreibt im Theaterstück „Alfred – König der Angel-Sachen" folgende Szene: Der König ärgert sich über die Undankbarkeit seines Volkes und bittet einen Freund und Berater um Rat. Dieser antwortet:

> „Wo kein Gleichgewicht ist, da sind diejenigen allemahl unzufrieden, deren Schale die leichteste ist. (...) Die Größten haben nur noch einen Schritt zu thun, Könige zu werden; sie werden niemals ruhig seyn, biß dieser Schritt gethan ist. (...) Allerdings werden in einem freyen Volke allemahl Unzufriedene seyn, allemahl werden unruhige Bürger bleiben, die das Gute verschmähen, weil es nicht das Beste ist."

Diese Szene beschreibt Unzufriedenheit als Unruhe, sich nicht in einer Situation, selbst wenn sie gut sei, einrichten zu wollen, sondern nach Besserem zu streben.

Der folgende Satz findet sich im Werk „Beobachtungen über den Gebrauch und Mißbrauch vieler deutscher Wörter und Redensarten" des Literaturtheoretikers Johann Christoph Gottsched (1758) als Beispiel für eine nicht missbräuchliche Verwendung des Begriffs der Unzufriedenheit: „Gewisse Unzufriedne im Lande haben sich verbunden, den rechtmäßigen König des Landes vom Throne zu stürzen" (ebd.: 381). Hier sind die Unzufriedenen Revolutionäre, die einen Umsturz wagen, der viel Mut erfordert.

In den drei Beispielen finden sich zwei Gruppen: erstens die Zufriedenen, die sich in ihrer Situation einrichten und nicht nach einer besseren Situation streben. Diese Gruppe hat ihr Anspruchsniveau auf den Status quo heruntergeregelt. Zweitens die Unzufriedenen, die nach Aufklärung, Veränderung, Verbesserung und Fortkommen streben, die also nicht ihr Anspruchsniveau herunterregeln, sondern ihre Situation verbessern wollen. Es fehlt (mindestens) eine dritte Gruppe: Solche Unzufriedenen, die resignieren und nicht (mehr) nach konstruktiven Wegen suchen, ihre Situation zu verbessern. Ein Vertreter dieser dritten Gruppe ist Johann Wolfgang von Goethes Werther.

In „Die Leiden des jungen Werthers“ (erschienen 1774) schreibt der Protagonist in seinem Brief vom 04. Dezember:

> „Ich bitte dich – siehst Du, mit mir ist 's aus – ich trag das alles nicht länger. Heut saß ich bei ihr [Lotte, Werthers unerwiderte Liebe] (...) sie spielte auf ihrem Klavier (...) Und auf einmal fiel sie in die alte himmelsüße Melodie ein, so auf einmal, und mir durch die Seele gehn ein Trostgefühl und eine Erinnerung all des Vergangenen, all der Zeiten, da ich das Lied gehört, all der düsteren Zwischenräume, des Verdrusses, der fehlgeschlagenen Hoffnungen (...). Gott! Du siehst mein Elend, und wirst es enden.“ (Ebd. o.S.)

Werthers Liebe zu Lotte wird von ihr nicht erwidert. Er sieht zu diesem Zeitpunkt keine Möglichkeit mehr ihr näherzukommen und zwingt sich dazu, auf Abstand zu gehen. Den Begriff des „Verdrusses“ (ebd.) reiht Goethe in eine Aufzählung mit anderen Begriffen, die Hoffnungslosigkeit ausdrücken. Werther hat aufgegeben und sucht nicht weiter nach einer konstruktiven Lösung, obwohl er mit der Situation nicht zufrieden ist – das unterscheidet ihn von den anderen Unzufriedenen der hier ausgewählten historischen Werke – stattdessen entzieht er sich der problematischen Situation durch Selbstmord.

Verdrossenheit wäre also nicht Synonym, sondern eine Ausprägung von Unzufriedenheit – nämlich eine destruktive Ausprägung im Gegensatz zu solchen, die nach Entwicklung streben. Diese Begrifflichkeit legen die hier ausgewählten Literaturklassiker jedenfalls nahe. Belege dafür finden sich aber auch in der Gegenwart. Der Individualpsychologe[1] Erwin Ringel (1993) schreibt:

> „Verdrossenheit ist eine Änderung unserer Stimmung in Richtung Depression. Man zieht sich zurück, engt sich ein, wird passiv, resigniert, wendet die Gefühle (auch der Unzufriedenheit, der Wut) statt nach außen (Aktivität) nach innen und schadet sich damit in vielfacher Hinsicht auch selbst. Verdrossenheit als Antwort auf von mir nicht gewünschte Zustände ist eine destruktive (d.h. zerstörerische) statt einer konstruktiven (durch Beteiligung aufbauenden) Reaktion.“ (Ebd.: 29)

Erwin Ringel (ebd.) sieht in der Verdrossenheit einen *destruktiven* Ausdruck von *Passivität*, sie ist *still, nach innen gekehrt.* Goethe nutzt den Begriff, um *Hoffnungslosigkeit* auszudrücken. Verdrossenheit lässt sich darüber hinaus sozialtopografisch darstellen als eine Entfernung, „wobei ‚*Entfernung*‘ als Zustand

1 Die Individualpsychologie betrachtet das Individuum als Teil sozialer Prozesse, wechselseitig abhängig von der Gesellschaft – und ist damit der Sozialpsychologie nahe.

wie als Bewegung, als *Distanz* und *Distanzierung*, als *Ferne* und *Rückzug* gelesen werden kann (und muß)“ (Schedler 1993: 415). Die soeben kursiv dargestellten Merkmale erlauben es, die der Verdrossenheit entgegengesetzte Haltung zu ermitteln. Wer seine Unzufriedenheit konstruktiv, aktiv, laut, nach außen gekehrt, hoffnungsvoll ausdrückt; wer dem Gegenstand seiner Unzufriedenheit nah bleibt oder sich ihm nähert, der übt – Kritik.[2] Bezogen auf das Thema dieser Studie bedeuten diese Überlegungen: Unzufriedenheit gegenüber Betriebsräten kann mindestens zwei unterschiedliche Ausprägungen haben, die in Abbildung 2 skizziert sind:

Abb. 2: Erste Dimension von Unzufriedenheit

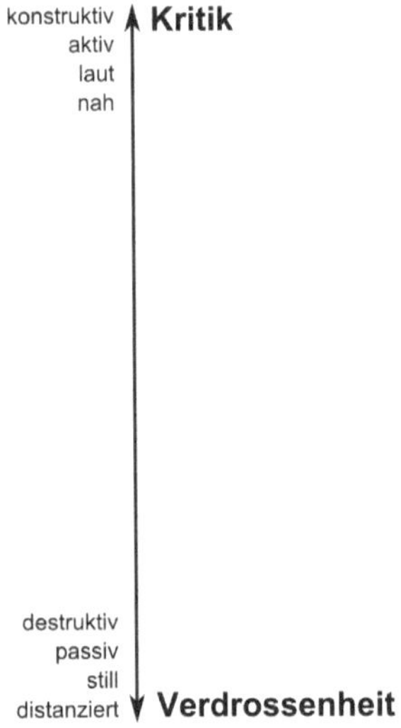

Eigene Darstellung

Erstens Kritik – in dem Sinne, dass sich unzufriedene Beschäftigte mit ihrem Betriebsrat konstruktiv auseinandersetzen, Fehler oder Versäumnisse aktiv ansprechen bzw. abweichende Meinungen laut artikulieren, was eine Nähe zum Betriebsrat voraussetzt und Potenzial für Veränderung birgt. Eine starke Form dieser Kritik wäre der Protest.

Zweitens Verdrossenheit – in dem Sinne, dass unzufriedene Beschäftigte resigniert verstummen; es aufgeben, vom Betriebsrat nicht bediente Interessen

2 Als Ausdruck von Unzufriedenheit ist ‚Kritik‘ hier im engeren Sinne als beanstandende Stellungnahme gemeint.

oder Bedürfnisse anzusprechen; die Hoffnung verlieren, dem Betriebsrat gegenüber passiv werden und sich zurück ziehen. Diese Ausprägung birgt kein Veränderungspotenzial und ist deswegen destruktiv.

Das in Abbildung 2 skizzierte Modell ist noch nicht vollständig. Unzufriedenheit ist keine fundamentale Haltung. Man muss eine Grenze zur Zufriedenheit definieren, um Unzufriedenheit in allen Facetten skizzieren zu können.

4.2 Ein zweidimensionales Modell der Beziehung zwischen Betriebsrat und Belegschaft

In der Politikwissenschaft wird die Einstellung der Bürger zu politischen Institutionen unter dem negativ konnotierten Begriff der Verdrossenheit untersucht. Die Wirtschaftswissenschaften bedienen sich stattdessen einer entgegengesetzten Perspektive und untersuchen die Einstellung von Kunden gegenüber Handel und anderen Leistungserbringern unter dem Stichwort der Kundenzufriedenheit. Seit Mitte der 70er Jahre bildet die Kundenzufriedenheitsforschung einen Schwerpunkt in der Marketingforschung, die Veröffentlichungen zum Thema sind „kaum mehr zu überschauen" (vgl. Scharnbacher/Kiefer 2003: 4). Die darin entwickelten Konzepte werden auf Felder übertragen, die in einigen Fällen nur entfernte Ähnlichkeiten zur Kunde/Unternehmen-Beziehung haben. So erhebt eine Handelskammer die „Kundenzufriedenheit" (IHK 2012: o.S.) ihrer Pflichtmitglieder, eine Arbeitsagentur die „Kundenzufriedenheit" (Agentur für Arbeit Rottweil 2011: o.S.) ihrer Leistungsempfänger, ein Blutspendezentrum erfasst die „Kundenzufriedenheit" (Blutspendezentrum Wuppertal o.J.: o.S.) ihrer Blutspender und es erscheint ein Buch über „Neue Messverfahren zur Erfassung der Kundenzufriedenheit in der Behindertenhilfe" (Assmann 2009). Analog zu diesen Beispielen stehen auch Beschäftigte in keinem Kundenverhältnis zu ihrem Betriebsrat, und trotzdem sind Betriebsräte in einem weiten Sinne Leistungserbringer.

Betrachtet man die Erwartungen, die Beschäftigte an ihre Betriebsräte haben, so drängen sich eindeutige Parallelen zur Kunden-, Klienten-, oder Mandantenbeziehung auf: Beschäftigte erwarten Dienstleistungen, die auch Rechtsanwälte („advokatorische Unterstützung", vgl. Holtrup 2008), Journalisten bzw. Kommunikationsfachleute (Informationsfunktion, vgl. Wilkesmann et al. 2011a), Controller (Kontrollfunktion, vgl. ebd.) oder Interims-Manager (Co-Management, vgl. ebd.) erbringen. Erwartungen an arbeitspolitische Gestaltung sind zumindest laut aktuellem Forschungsstand nicht verbreitet. Auch die Analyse des für diese Studie erhobenen Materials zeigt, dass Beschäftigte Haltungen einnehmen, die üblicherweise Kunden zugesprochen werden – sie reagieren entsprechend verärgert, wenn sie nicht als solche behandelt werden (vgl. Abschnitt 4.3 für empirische Belege).[3]

In den Wirtschaftswissenschaften hat sich ein Modellierungsrahmen weitgehend durchgesetzt (vgl. Krafft/Götz 2011: 223), der die Entstehung von Kundenzufriedenheit in drei Phasen beschreibt: das Erwartungs-Diskonfirmations-Paradigma (vgl. dazu ebd.).

In der ersten Phase bilden sich Kunden Erwartungen darüber, wie ein Produkt oder eine Dienstleistung ihre Bedürfnisse befriedigen wird. Dabei greifen sie auf verschiedene Quellen wie vorhergehende eigene Erfahrungen oder Empfehlungen, die Werbung des Anbieters oder die Präsentation des Produkts zurück. In der zweiten Phase (während des Konsums oder nach dem Kauf) bilden sich Kunden ein Urteil darüber, inwiefern das Produkt oder die Dienstleistung ihren positiven Erwartungen entspricht.[4] In der dritten Phase bildet sich dann die Einstellung: Werden die Erwartung nicht erfüllt, stellt sich Unzufriedenheit ein. Zufriedenheit hingegen entsteht, wenn die Erwartungen übertroffen werden. Ergebnis einer einfachen Erfüllung von Erwartungen ist Indifferenz. Die Folgen hoher Kundenzufriedenheit sind u.a. Loyalität (im Sinne von Kundenbindung), die Folgen hoher Kundenunzufriedenheit sind u.a. Kundenabwanderung (vgl. ebd.: 225).

Klienten von Betriebsräten, Beschäftigte also, können nicht abwandern; sie können sich keinen anderen Betriebsrat suchen und auch nicht auf die Vertretung verzichten. Sie verbleiben auch bei Unzufriedenheit im sozialen Gefüge. Das ist nicht der einzige, aber ein für diese Studie wesentlicher Unterschied zwischen der Kunde/Unternehmen- und der Belegschaft/Betriebsrat-Beziehung und hat Konsequenzen für das Erwartungs-Diskonfirmations-Paradigma:

Wenn im Zusammenhang mit dem Paradigma von Erwartungen gesprochen wird, sind stets positive Erwartungen gemeint. Dass jemand den Kundenstatus innehat, impliziert, dass er am Produkt oder der Dienstleistung erstens Interesse haben muss und zweitens eine Bedürfnisbefriedigung erwartet – sonst würde er (zumindest unter freien Marktbedingungen) das Produkt nicht kaufen oder die Dienstleistung nicht nutzen. Das gilt aber nicht für Beschäftigte gegenüber ihren Betriebsräten. Sie können auch negative Erwartungen hegen und desinteressiert sein, partizipieren (aus ihrer Sicht vielleicht auch negativ) aber trotzdem an der erbrachten Leistung. Das Erwartungs-Diskonfirmations-Paradigma muss also erweitert werden, will man es zur Beschreibung der Belegschaft/Betriebsrat-Beziehung fruchtbar machen. Die nicht-positiven Erwartungen bringen eine zweite Dimension in das Modell ein.

---

3 Inwiefern Betriebsräte diese Ansprüche befriedigen (wollen) oder sich solchem Anspruchsdenken ganz bewusst entgegensetzen, ist bisher nicht untersucht.

4 Kurt Matzler (1997) arbeitet die zahlreichen Studien auf, die die psychologischen Prozesse dieser Phase untersuchen.

Abb. 3: Zweidimensionales Modell der Betriebsrat/Belegschaft-Beziehung

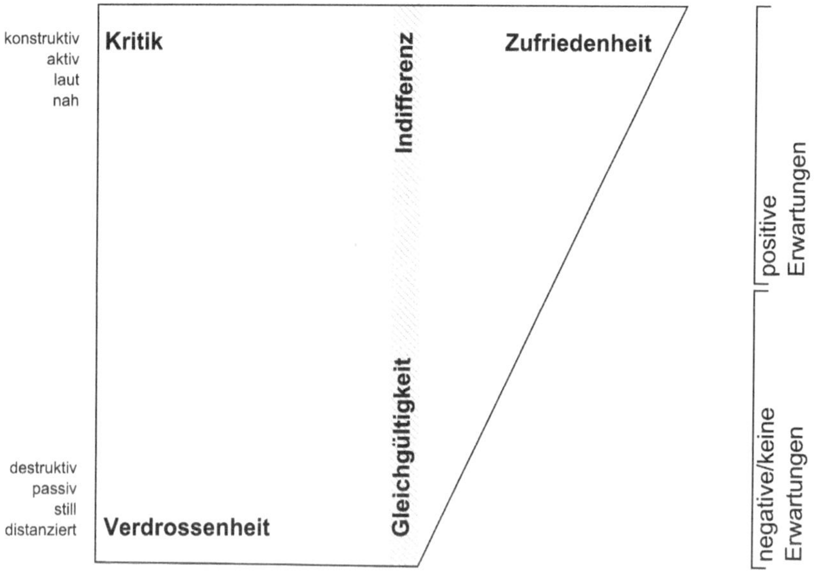

Eigene Darstellung

Ausgangsfrage dieses Abschnitts war: Wo liegt die Grenze zwischen Zufriedenheit und Unzufriedenheit? Das Erwartungs-Diskonfirmations-Paradigma beantwortet diese Frage: in einem Indifferenzbereich zwischen den Attributen ‚nicht mehr unzufrieden' und ‚noch nicht zufrieden'. Bereits vorab wurde in diesem Kapitel ausgearbeitet, dass Unzufriedenheit in der Belegschaft/Betriebsrat-Beziehung in Kritik und Verdrossenheit differenziert werden muss. Diese Differenzierung fügt sich nun nahtlos in die Überlegungen zum Erwartungs-Diskonfirmations-Paradigma ein: Verdrossenheit ist die Ausprägung von Unzufriedenheit, die auf negativen Erwartungen beruht. Kritik ist Unzufriedenheit, die auf positiven Erwartungen beruht. Das klassische Paradigma muss diese Unterscheidung nicht treffen, weil der Kundenbegriff positive Erwartungen impliziert. Beschäftigte aber sind unabhängig von ihren Erwartungen verpflichtend an ihren Betriebsrat gebunden, was eine zusätzliche Erwartungsdimension (die nicht-positive Erwartung) in die Beziehung einbringt: Es ergibt sich also ein zweidimensionales Feld. Die zweite Dimension eröffnet Lücken für Haltungen, die nicht auf positive Erwartungen zurückzuführen sind, nämlich Verdrossenheit und Gleichgültigkeit. Kritik wird zur Verdrossenheit, wenn die positiven Erwartungen, die der Kritik eigen sind, in negative Erwartungen umschlagen. Gleichgültigkeit, die auf dem Fehlen von Erwartungen beruht, tendiert zur Indifferenz, wenn Erwartungen aufkeimen. Zufriedenheit setzt positive Erwartungen voraus, hat also kein Pedant im unteren Bereich. Ein Schwinden positiver Erwartungen (Abwärtsbewegung) muss also stets auch mit einer Abnahme von Zufriedenheit (horizontale Bewegung) einhergehen – deswegen ist das Modell rechts diagonal begrenzt.

Dieser Einblick in das zweidimensionale Feld der Beziehung zwischen Betriebsrat und Belegschaft hat gezeigt: Veränderungen in der Beziehung lassen sich als Bewegungen in diesem Feld darstellen. Wichtig ist: Kritik, Zufriedenheit, Verdrossenheit und Gleichgültigkeit sind Endpunkte dieser Bewegungen. In dieser Studie werden die Ursachen von Verdrossenheit untersucht, indem nach den Ursachen von Bewegungen in Richtung Verdrossenheit gefragt wird.

Der nun folgende Abschnitt hat zwei Funktionen: Er soll erstens die Bedeutung dieser zweiten Erwartungsdimension anhand einer Analyse von Interviews mit Betriebsräten herausstellen. Er soll zweitens weiter darin einführen, wie das zweidimensionale Feld zur Analyse der Beziehung zwischen Betriebsräten und Belegschaft genutzt werden kann.

4.3 Passivität, Stille, Distanziertheit: der Weg von der Kritik in die Verdrossenheit

In fünf Interviews mit insgesamt zehn Betriebsratsmitgliedern aus fünf verschiedenen Unternehmen ging es um die Frage: Wie gestalten Betriebsräte ihre Beziehung zur Belegschaft? Welche Aspekte sind für sie handlungsleitend?

Das angekündigte Thema des Interviews und die einleitende Phase bezogen sich auf das Interesse der Belegschaft an Betriebsversammlungen – so sollte eine Determination des Gesprächsverlaufs vermieden werden. Alle Interviewpartner zeigten sich ähnlich unzufrieden über das Interesse und wurden darum gebeten, mögliche Erklärungen zu reflektieren. Aus dieser Reflexion entwickelte sich dann ein Gespräch über die Beziehung zwischen Betriebsrat und Belegschaft.

Ein wichtiges Ergebnis vorab: Alle interviewten Betriebsräte kamen von sich aus darauf zu sprechen, dass aufgrund sehr heterogener Belegschaften mit individuellen Interessen das Management von Unzufriedenheit ein wichtiger Aspekt ihrer Arbeit ist (Belege folgen in den zitierten Sequenzen in diesem Abschnitt, vor allem in den Sequenzen A-1 bis A-3). Dieser Abschnitt soll nun eine Antwort auf folgende Frage geben: Welche gemeinsamen Aspekte leiten die Maßnahmen, mit denen Betriebsräte der Unzufriedenheit vonseiten ihrer Belegschaft begegnen?

4.3.1 Fruchtbare Kritik oder gefährliche Gleichgültigkeit

Im Gegensatz zur Verdrossenheit und Gleichgültigkeit hat Kritik eine Bedeutung als Innovationsfaktor für Betriebsräte. Dies wird in diesem Abschnitt ausgeführt.

> Sequenz A-1
>
> „Wir haben eine Quote, die zieht sich durch alles durch. Bei der Betriebsversammlung kommen 50 Prozent, bei der Mitarbeiterbefragung haben 50 Prozent geantwortet, das ist die Quote, die beim Wählen ist. Ungefähr 50 Prozent der Leute sind interessiert, die müssen nicht immer mit allem einverstanden sein. Aber die sind interessiert. Den Rest erreichen wir halt nicht." (Int_Mode)[5]

Der Interviewpartner differenziert die Beziehung zur Belegschaft nach „interessiert" und „erreichen wir halt nicht". Zur ersten Gruppe zählen also diejenigen, die im zweidimensionalen Modell im oberen Bereich angesiedelt sind, also solche Beschäftigte, die dem Betriebsrat nah sind, mit denen ein konstruktiver Austausch möglich ist, und zwar unabhängig vom Grad der Zufriedenheit. Die andere Gruppe muss im unteren Bereich des Modells angesiedelt werden. Zu ihr besteht eine große Distanz, die sie ‚unerreichbar' macht. Diese Sequenz liefert zunächst keinen Hinweis darauf, ob diese zweite Gruppe dem Bereich der Verdrossenheit, Gleichgültigkeit oder beiden Bereichen zuzuordnen ist. Hinweise dafür finden sich in der Antwort auf die Frage, wie der Interviewpartner Unzufriedenheit vonseiten der Belegschaft erfährt:

> Sequenz A-2
>
> „Meistens hört man das von Dritten: ‚Hör mal, der und der hat gestern beim Rauchen gesagt, dass er das und das von euch nicht gut fand.' Also diese Kommunikation um ein paar Ecken. Es geht aber auch anders: Nach einer Betriebsversammlung hat mich eine ganze Abteilung zu einem Emergency-Frühstück eingeladen und gesagt, was sie nicht gut fanden. Das gemeinsame Frühstück ist inzwischen zum festen Termin, zur guten Tradition geworden. Das sind Hitzköpfe, aber wir ziehen an einem Strang, manchmal in unterschiedliche Richtungen, aber wir ziehen. Ich versuche das auf andere Abteilungen auszuweiten. Das ist aber zäh." [Nahtlose Fortsetzung in Sequenz A-3] (Int_Mode)

Auch hier unterscheidet der Interviewpartner zwei Gruppen. Das sogenannte ‚Emergency-Frühstück' ist ein Paradebeispiel für aktive, laute, nahe und konstruktive Kritik. Die „Strang"-Metapher sagt zunächst aus: Austausch, auch der mit Kritikern, beendet Stillstand. Diese vordergründige Interpretation wäre aber zu kurz gegriffen, denn auf Stillstand kann Rück- oder Fortschritt folgen. Dass der Interviewpartner im Frühstückskonzept ein Instrument sieht, das fortschritt-

---

5 „Int_" steht für Interview. „Mode" ist die Bezeichnung, unter der das Transkript archiviert ist. Es handelt sich hier um einen Modekonzern.

liche Bewegung anstößt, erschließt sich aus verschiedenen Elementen der Sequenz. Er bezeichnet es als „gute Tradition"; die entstehende Bewegung bewertet er als positiv („aber wir ziehen" ... „aber wir ziehen") und er will es auf andere Abteilungen ausweiten. Das Verhältnis zu dieser Gruppe ist also im Modell oben links angesiedelt.

Die Beschäftigten, die ihre Unzufriedenheit „beim Rauchen" „um ein paar Ecken" zum Ausdruck bringen, sind sehr viel distanzierter, passiver und leiser. Wie aus anderen Interviewstellen hervorgeht, dient die geräumige Abluftkabine, in der Raucherpausen stattfinden, im betreffenden Unternehmen als informelles Kommunikationsforum. Insofern könnte eine konstruktive Absicht unterstellt werden, dass die dort geäußerte Unzufriedenheit bis zum Betriebsrat vordringt. Das wäre dann (eine zwar sehr distanzierte) Form von Kritik und entsprechend zwischen den Polen von Kritik und Verdrossenheit zu verorten.

Die Gruppe der Gleichgültigen beschreibt der Interviewpartner in der folgenden Sequenz:

> Sequenz A-3 [Nahtlose Fortsetzung aus Sequenz A-2]
>
> *Interviewer:* „Was heißt, ‚das ist zäh?'"
>
> *Befragter:* „Es gibt diejenigen, die sagen, ich kann mich am besten selbst vertreten. (I: Was sind das für Leute?) Das ist die jüngere Arbeitsgeneration, die in so einem Zeitgeist von ‚gerade hier in Deutschland haben wir die meisten Gesetze'; also dieser ganze Quatsch, groß geworden sind. (...) Auf der einen Seite haben wir einen klaren Auftrag. Auf der einen Seite wird von uns erwartet, dass wir etwas regeln für die Leute. Aber auf der anderen Seite stoßen wir auf eine Welt, die mehr und mehr dadurch gekennzeichnet ist, dass die Leute sagen: ‚Lass mich mal alleine machen'; ‚lass mich mal alleine entscheiden.' Da kommen wir nicht dran. Aber ich finde, dass das wirklich schwierig ist für eine moderne Betriebsratsarbeit. Und das wird in einem großen Knall enden. Deswegen glaube ich, dass so eine bestimmte Art von sich auf die linke Seite der Straße oder auf die rechte Seite der Straße zu orientierten es geben muss. (...) Aber in der Mitte der Straße zu fahren, zu gehen, bedeutet unweigerlich überfahren zu werden." (Int_Mode)

Bemerkenswert an dieser Sequenz ist die Deutlichkeit, mit der der Interviewpartner Kritik als fruchtbar, Gleichgültigkeit aber als massive Gefährdung („in einem großen Knall enden", „überfahren zu werden") einstuft. Zum Hintergrund: Der Interviewpartner beobachtet seit Jahrzehnten einen schleichenden Bedeutungsverlust des Mitbestimmungsgedankens in der Modebranche. Der Organisationsgrad in seinem Unternehmen sei von einem sowieso niedrigen Niveau auf unter 0,2 Prozent gefallen, was er als ein Signal für die betriebliche Mitbestimmung interpretiert. Denn: „In den Köpfen der Leute hier ist das meistens dasselbe [meint: Gewerkschaften und Betriebsräte]". Der Interviewpartner sorgt sich darum, dass die Modebranche ein gesellschaftlicher Vorreiter sein könnte und Mitbestimmungsrechte auch in anderen Branchen zunehmend an Bedeutung verlieren könnten: „Was nicht gepflegt wird, das verkümmert" (Int_Mode). Der Pflegebegriff ist hier aber nicht klassisch im Sinne eines Umhegens gemeint. Das wird klar, wenn man das Frühstückskonzept, die „Strang"-Metapher und die „Straßen"-Metapher miteinander in Beziehung setzt. Wer am „Strang" zieht, egal von welcher „Straßen"-Seite aus, nutzt betriebliche Mitbestimmung; nimmt sie in Anspruch – deswegen „verkümmert" sie nicht. Eine Gefahr für die Mitbestimmung sieht der Interviewpartner also in den Bereichen der Verdrossenheit und Gleichgültigkeit – nicht aber im gesamten Feld der Unzufriedenheit. Im Gegenteil: Unzufriedenheit in Form von Kritik wird in den Sequenzen A-1 bis A-2 als Innovationsfaktor beschrieben. Das ist eine Lesart, die sich auch in allen anderen Interviews belegen lässt.

4.3.2 „Die Leute abholen", „auf sie zu gehen": Reaktionen der Betriebsräte

In den folgenden Sequenzen B und C soll gezeigt werden, wie sich vertikale Bewegungen im Modell in den Interviews manifestieren.

> Sequenz B
>
> „Ich sehe wie menschlich [Anm.: meint hier irrational] die Leute sind. Es ist sehr schwierig, ich sag mal, eine Politik zu führen, die allen Interessen gerecht wird. Da kommt ein Brei bei raus, der auch keinem schmeckt. Da wird dann auch wieder geredet. Man versucht dann natürlich die Leute abzuholen. Ich bin noch jemand, der nicht zulässt, wenn hinter meinen Rücken Falsches erzählt wird. Da gehe ich auf die Leute zu, konfrontiere die mit den Dingen, damit ich von denen Feedback kriege zu der Meinung, die sie haben (...). Damit kann ich dann erst überhaupt arbeiten, aber das ist eine Herausforderung." (Int_Metall) [6]

Dieser Betriebsratsvorsitzende beschreibt in einem Atemzug zwei Herausforderungen. Erstens: Bevorzugt er bestimmte Interessengruppen, führt dies zu Unzufriedenheit bei den jeweils anderen Gruppen. Berücksichtigt er alle Interessen, führt dies zu einem Minimal-Kompromiss, der ebenfalls Unzufriedenheit auslöst. Er sieht also keinen Ausweg, eine vollständige Zufriedenheit Aller zu erreichen. Der Interviewpartner erlebt diese Unzufriedenheit als Verdrossenheit vonseiten der Belegschaft. Er beschreibt keine Situation, in der Kritik an ihn herangetragen wird. Stattdessen sagt er: „Da wird dann auch wieder geredet" und „wenn hinter meinem Rücken Falsches erzählt wird". Diese Formulierungen lassen auf eine Distanz zwischen den Unzufriedenen und dem Betriebsrat schließen. Um diese Distanz zu verkürzen, versucht der Interviewpartner, die Unzu-

---

6 Das Kürzel „Int_Metall" bezeichnet das Transkript des Interviews, das mit dem Betriebsrat eines Metall-verarbeitenden Betriebs geführt wurde.

friedenen „abzuholen", also auf sie zuzugehen, um die herrschende Stille in ein „Feedback" – also offen geäußerte Kritik – zu wandeln. Erst dann könne er „überhaupt arbeiten", also konstruktiv mit der Unzufriedenheit (nun in Form von Kritik) umgehen. Die folgende Abbildung skizziert diese Sequenz B im Modell:

Abb. 4: Sequenz B

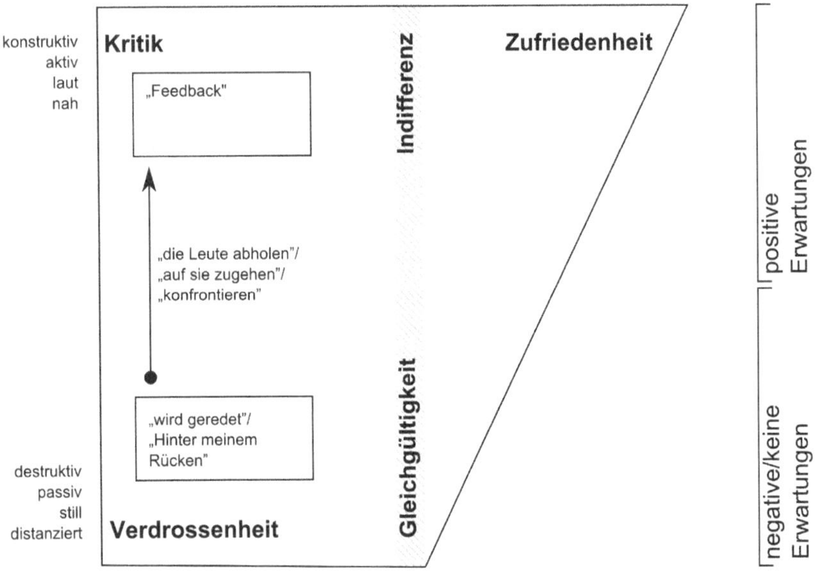

Eigene Darstellung

Der Interviewpartner beschreibt die Gruppe der Unzufriedenen mit Begriffen, die klar darauf schließen lassen, dass er diese im Bereich der Verdrossenheit verortet. Die Unzufriedenheit der Verdrossenen kann er nicht direkt angehen, sondern muss einen Zwischenschritt einlegen: Er muss die Unzufriedenen vorher aus dem Bereich der Verdrossenheit heraus- und in den Bereich der Kritik hineinholen. Denn erst dort kann er ein konstruktives „Feedback" bekommen, mit dem er arbeiten kann. Ziel des Interviewpartners ist also in erster Linie eine Aufwärtsbewegung im Modell, eine Bewegung entlang der vertikalen Achse. Es geht dem Interviewpartner in dieser Sequenz nicht darum, die Verdrossenen zufriedenzustellen (keine Bewegung auf der waagerechten Achse), sondern darum, aus ihnen Kritiker zu machen (Bewegung auf der vertikalen Achse). Ein anderer Interviewpartner äußert sich ganz ähnlich, beschreibt den Prozess aber als Kreislauf:

Sequenz C

Befragter: „Ich habe von meinem Amt her, ja so fasse ich das auf, die Interessen auch Aller zur berücksichtigen und nicht nur Einzelinteressen. Und das ist das größte Problem dabei."

Interviewer: „Alle Einzelinteressen sind nicht die Interessen Aller? Nicht dasselbe?"

Befragter: „Nein. Das ist ein Ausgleich. Das heißt, für mich das Wichtigste: ein Ausgleich der Interessen untereinander. Dazu musst Du die Leute zusammenholen und gucken, dass ein Ausgleich klappt. Das ist harte Arbeit. Und das klappt nie für jeden. Ich könnte so einige Namen nennen, wo ich weiß, wenn der meinen Namen hört: ‚Och der'. Klar, aber da kann ich mit leben. Dann lege ich von vorne los." (Int_Fleisch)

Die Differenz zwischen den „Interessen Aller" und „aller Einzelinteressen" bringt eine Herausforderung auf den Punkt, der sich Betriebsräte vor dem Hintergrund heterogener Belegschaften mit individualisierten Interessen stellen müssen. Alle Interviewpartner nannten diese Herausforderung von sich aus, also ohne speziell danach gefragt worden zu sein.

Der Interviewpartner in Sequenz A beschreibt das Ergebnis aus dem Versuch, „alle Einzelinteressen" bedienen zu wollen, als „Brei der (...) keinem schmeckt". Der Interviewpartner in dieser Sequenz C unternimmt diesen Versuch gar nicht. Stattdessen sucht er nach einem Ausgleich der Einzelinteressen, was nicht auf Zufriedenheit aller Beschäftigten abzielt. In diesem Punkt unterscheiden sich Betriebsräte von Interessenorganisationen, die die Interessen *von Mitgliedern* vertreten. Weil dort die Mitgliedschaftsentscheidung frei ist, überschneiden sich die Einzelinteressen und die Interessen Aller weitgehend. Betriebsräte hingegen sind erstens einer Vielzahl von sich auch widersprechenden Interessen ausgesetzt und vertreten zweitens auch solche Beschäftigten, die gar nicht vertreten werden wollen (vgl. dazu Sequenz A in diesem Abschnitt).

Wie schon in Sequenz B finden sich auch in dieser Sequenz C topografische Begriffe, wenn es darum geht, mit den unterschiedlichen Interessen umzugehen: Der Interviewpartner versucht, „die Leute zusammen[zu]holen". Der Hinweis auf Verdrossenheit liegt hier in der Aussage: „Ich könnte so einige Namen nennen, wo ich weiß, wenn der meinen Namen hört: ‚Och der'". Dahinter steckt das Wissen oder zumindest die Vermutung, dass es unzufriedene Beschäftigte gibt, die negative Erwartungen gegenüber dem Betriebsrat hegen und ihre Unzufriedenheit nicht in Form von Kritik ausdrücken, sondern distanziert und passiv sind. Die folgende Abbildung skizziert diese Sequenz im Modell (vgl. Abb. 5).

Der Betriebsratsvorsitzende in Sequenz C sieht es als eine Amtsaufgabe an, einen Ausgleich unter den Beschäftigten zu schaffen, was für ihn zunächst be-

Abb. 5: Sequenz C

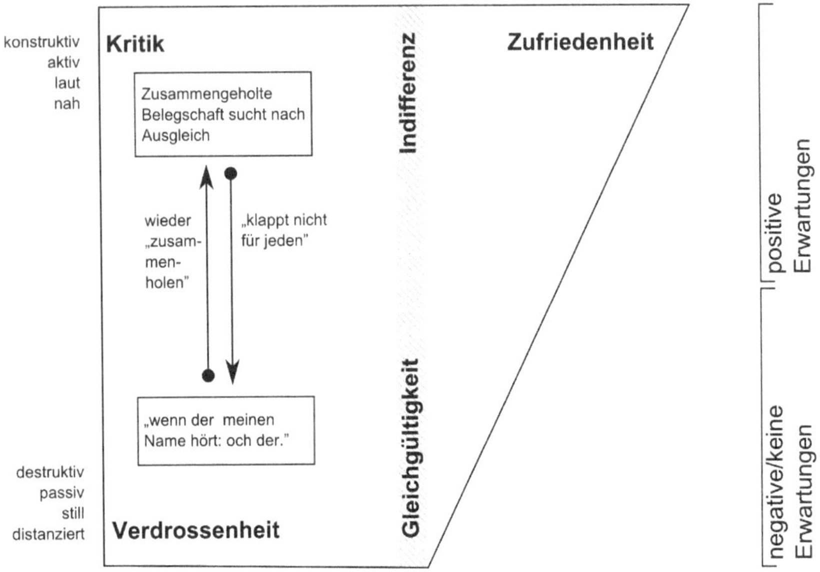

Eigene Darstellung

deutet, die Belegschaft „zusammenzuholen". Dies ist immer eine Aufwärtsbewegung im Modell, die aber nicht zwangsläufig aus dem Bereich der Verdrossenheit oder Gleichgültigkeit heraus stattfinden muss. Bewegungen können sich auch innerhalb einzelner Bereiche vollziehen. Einen Ausgleich zu schaffen, heißt immer auch, umzuverteilen, was Teile der am Ausgleich Beteiligten verdrossen werden lässt. Der Interviewpartner sieht darin aber keine Abweichung, sondern einen selbstverständlichen Vorgang („klappt nie für jeden ... klar"). Er startet den Vorgang dann neu, holt alle wieder „zusammen", die Verdrossenen aus dem Bereich der Verdrossenheit heraus in den Bereich der Kritik und der Kreislauf beginnt von vorne.

Die Sequenzen A bis C haben gezeigt: Weil das Modell Unzufriedenheit in Kritik, Verdrossenheit und Gleichgültigkeit differenziert, ermöglicht es einen neuen Blick auf die Beziehung zwischen Betriebsrat und Belegschaft: Die Qualität der Beziehung bestimmt sich aus dem Verhältnis von Kritik zu Verdrossenheit bzw. Gleichgültigkeit. Der Grad der Unzufriedenheit ist unabhängig von diesem Verhältnis. Anders ausgedrückt: Die Beziehung kann sowohl in Situationen geringer als auch in Situationen hoher Unzufriedenheit konstruktiv und destruktiv sein. Entscheidend ist stets der Anteil von Verdrossenheit und Gleichgültigkeit im Gesamtfeld der Beziehung.

4.3.3 Differenz von Symptom und Ursache: Folgen eindimensionaler Beziehungsarbeit

Benutzt man vor diesem Hintergrund die Begriffe Verdrossenheit und Unzufriedenheit synonym, dann erscheinen alle Maßnahmen gegen Verdrossenheit als Maßnahmen gegen Unzufriedenheit – bzw. es fehlt dann die Begrifflichkeit, diese Maßnahmen voneinander zu trennen, was Auswirkungen auf das tatsächliche Handeln haben kann! Das wird nun anhand zweier Interview-Sequenzen dargestellt.

> Sequenz D
>
> *Befragter:* „Da ist das Büro mal nicht besetzt. Es kommt schon mal vor, dass fünf Minuten keiner zu erreichen ist. Trotz Handy, Wlan und alles. Wir sind kein Notruf. [Verstellt Stimme:] ‚Ach, seid ihr doch noch zu erreichen?' ‚Nie da.' ‚So früh Feierabend?' Was wir jetzt machen: Wir lassen uns jetzt an den Hausruf [Anm.: Pager, Piepser-System] hängen."
>
> *Interviewer:* „Sie haben doch ein Vorzimmer."
>
> *Befragter:* „Ist immer dabei. [Name] ist auch unsere Schriftführerin und auch Betriebsrat. Sie ist in den Sitzungen immer dabei." (Int_Krankenhaus_B)

Der Interviewpartner nimmt wahr, dass Beschäftigte unzufrieden sind. Als Grund für die Unzufriedenheit identifiziert er Mängel bei der Erreichbarkeit. Um diesen Grund für Unzufriedenheit abzustellen, plant er eine konkrete Maßnahme (Hausruf). Diese Maßnahme soll – so die Hoffnung – die Unzufriedenheit senken bzw. die Zufriedenheit erhöhen, also auf der horizontalen Achse wirken. Welche Informationen liefert diese Sequenz, wenn man die vertikale Achse des Modells einbezieht?

Um welche Form der Unzufriedenheit handelt es sich? Die Vorwürfe wurden dem Betriebsrat gegenüber offen, aktiv, laut und persönlich kommuniziert – somit handelt es sich nicht um Gleichgültigkeit oder Verdrossenheit. Zumindest in der Wiedergabe durch den Interviewpartner wirken die Vorwürfe der Beschäftigten jedoch polemisch, es mangelt an Konstruktivität. Dass die Beschäftigten ihren Betriebsrat aber erreichen wollen, spricht dafür, dass sie positive Erwartungen ihm gegenüber hegen. Zusammengefasst handelt es sich also um eine Form relativ distanzierter Kritik (in Abbildung 6 abgebildet durch das runde Symbol A, links).

Abb. 6: Sequenz D

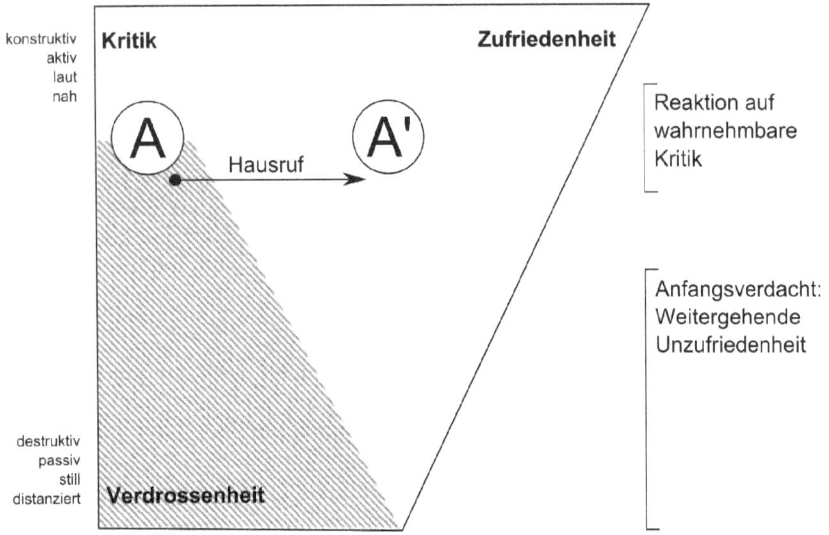

Eigene Darstellung

Die Kritiker haben offenbar den Anspruch an ihren Betriebsrat, ihn permanent telefonisch erreichen zu können. Der Betriebsrat hingegen kann oder will diesem Anspruch nicht gerecht werden („Wir sind kein Notruf.“). Es herrscht also auch in diesem Punkt eine Distanz zwischen Betriebsrat und Kritikern. Hinter den Vorwürfen können sich, neben dem reinen Informationsgehalt, weitere Lesarten verbergen. Die Kritiker fragen sich womöglich: ‚Was macht der Betriebsrat eigentlich gerade, wenn er nicht erreichbar ist?‘ Denn entweder wissen die Beschäftigten nicht, dass Betriebsräte in Unternehmen dieser Größenordnung (1300 Beschäftigte) häufige, auch tägliche Sitzungen abhalten, oder aber sie Zweifeln die Bedeutung bzw. Funktion der Sitzungen an.

Ein Blick auf das Modell erlaubt es nun, topografisch hinter die Vorwürfe zu blicken (in Abbildung 6 symbolisiert durch die graue Fläche). Wenn schon die Kritiker, also solche Beschäftigte mit positiven Erwartungen, die dem Betriebsrat relativ nah sind, keine oder eine abweichende Vorstellung von Betriebsratsarbeit haben, welche Vorstellung haben dann erst die Verdrossenen, die deutlich distanzierter sind? Aus dieser Überlegung heraus kann zumindest der Anfangsverdacht erhoben werden, dass die sofort wahrnehmbaren Vorwürfe der Kritiker nur die Spitze eines Eisbergs sein könnten und eine ähnliche Unzufriedenheit auch oder vor allem in tieferen Schichten virulent – womöglich sogar eine Ursache der Verdrossenheit – sind.

Betrachtet man nun die Sofort-Maßnahme, die der Betriebsrat gegen die Unzufriedenheit ergriffen hat, wird klar: Der Hausruf behandelt nur ein Symptom. Ursache sind aber differente Ansprüche an Erreichbarkeit, mangelndes Wissen über den Betriebsratsalltag, fehlende Wertschätzung von Sitzungsarbeit – also Aspekte, die auf die Distanz zwischen Betriebsrat und Belegschaft zurückzuführen sind.

Mithilfe der zweidimensionalen Analyse konnten in Sequenz D die Grenzen der Sofort-Maßnahme (Hausruf) aufgezeigt werden, die ihre Wirkung nur in einer Dimension entfaltet, und dort lediglich ein Symptom bekämpft.

In der folgenden Sequenz E scheint sich eine Maßnahme, die Unzufriedenheit senken soll, gegenteilig auszuwirken. Auch hier bietet erst ein Blick in die zweite Dimension eine Erklärung für die Paradoxie.

> Sequenz E [Der Interviewpartner spricht über eine von der Geschäftsleitung regelmäßig in Auftrag gegebene Mitarbeiterbefragung, die neben vielen anderen Themen auch die Einstellung der Belegschaft zum Betriebsrat abfragt.]
>
> *Interviewer:* „Was sagen Sie zu den Werten? Wie haben Sie abgeschnitten?"
>
> *Befragter:* „Miserabel. So seh' ich das."
>
> *Interviewer:* „Wie erklären Sie sich das?"
>
> *Befragter:* „Naja, miserabel vielleicht nicht. Die Ergebnisse sind durchwachsen, schlechter als sonst. Wir haben im letzten Jahr viele Veränderungen eingeführt. Die Nähe zu den Mitarbeitern – das war arg verbesserungswürdig. Wir hatten so ein paar Instrumente – Nachtwachenbesuch usw. – eingeführt. Wir haben auch neue Methoden geschaffen. Regelmäßig Gruppensprechstunden auf den Stationen. Das ist eine Methode gewesen, die auch positiv ankommt. Also irgendwie haben bei der Mitarbeiterbefragung nur solche geantwortet, die sowieso einen Rochus haben." (Int_Krankenhaus_A)

Die externe Mitarbeiterbefragung wird in regelmäßigen Abständen durchgeführt. Diesmal sind die Werte des Betriebsrats um 0,9 Punkte gefallen, von ursprünglichen 2,2 auf 3,1 (auf einer Skala von 1 bis 5, wobei 5 der negative Wert ist). Der Interviewpartner hätte hingegen ein besseres Ergebnis im Vergleich zur vorhergehenden Befragung erwartet, weil er im Jahr zuvor verschiedene Maßnahmen ergriffen hat, die das Verhältnis eigentlich verbessern sollten. Am Ende des Interviews bittet der Interviewpartner den Interviewer, einen vom Betriebsrat erstellten Fragebogen zu begutachten. Dabei kommt auch zur Sprache, worum es sich bei den im Zitat genannten „Gruppensprechstunden" handelt, die der Betriebsrat neu eingeführt hat: Weil die Betriebsversammlungen und die Sprechstunden schlecht besucht waren, hat der Betriebsrat eine eigene Befragung durchgeführt, die allerdings keine Unzufriedenheit zum Vorschein brachte. Auch in persönlichen Gesprächen habe es wenig Kritik gegenüber dem Betriebsrat gegeben (geringes Interesse bei gleichzeitig geringer Unzufriedenheit ist ein Hinweis für Gleichgültigkeit). Deswegen entwickelte der Betriebsratsvorsitzende das Instrument der Gruppensprechstunde. In regelmäßigen Abständen besucht er immer unterschiedliche Klinikstationen und versammelt vor Ort so viele Beschäftigte wie möglich. Dann stellt er offen einen Katalog von rund fünf Fragen und bittet darum, die Beschäftigten mögen sich zu jeder Frage auf eine gemeinsame Schulnote festlegen. Daraus entstehen dann angeregte Diskussionen unter den Kollegen.[7]

Skizziert man diesen Fall im Modell, zeigt sich eine mögliche Erklärung für die sinkenden Werte in der Mitarbeiterbefragung, die die Geschäftsleitung durchgeführt hat:

In den „Gruppensprechstunden“ leitet der Betriebsratsvorsitzende ansonsten eher gleichgültige Beschäftigte zur gemeinsamen Reflexion ihrer Beziehung zum Betriebsrat an. Damit holt er die Beschäftigten ganz aktiv aus dem Bereich der Gleichgültigkeit hinein in den Bereich der Kritik. Er stößt eine Aufwärtsbewegung an – aus Passivität, Stille und Distanziertheit wird Aktivität, Nähe und ausgesprochene Kritik. Die Werte der Mitarbeiterbefragung fallen letztlich niedriger aus, weil die Beschäftigten aufgrund der Gruppendiskussionen zu geübteren Betriebsratskritikern geworden sind. „Das Denken präzisiert sich meist erst in der Kritik: die Negation gibt die Möglichkeit, Einzelheiten zu unterscheiden“ (Popitz et al. 1957: 143). Der Betriebsrat hat also in der einen Dimension eine größere Nähe und konstruktivere Beziehung zur Belegschaft erreicht – und damit in der anderen Dimension Unzufriedenheit deutlicher sichtbar gemacht, nicht etwa vergrößert, was das kennzahlen-orientierte Erhebungssystem der Mitarbeiterbefragung, bei der die Werte gefallen sind, nicht berücksichtigt. Dieser Zusammenhang wird in Abbildung 7 durch zwei unterschiedliche Pfeile (a und b) dargestellt. Es wirkt, als hätte die Maßnahme sowohl die Distanz zwischen Betriebsrat und Belegschaft verringert als auch die Unzufriedenheit erhöht – schließlich fallen die Werte bei der Befragung nun schlechter aus (Pfeil b). Tatsächlich gibt es keine Anhaltspunkte dafür, dass die Maßnahme negative Auswirkungen auf den Grad der Unzufriedenheit hatte. Vielmehr wurde die vorhandene Unzufriedenheit lediglich auf ein näheres und lauteres, also wahrnehmbares Niveau gehoben (Pfeil a).

---

7 Ein soziologisch geschulter Beobachter sieht in diesen Gruppensprechstunden eine Erhebungsmethode der empirischen Sozialforschung. Die Aufforderung, eine gemeinsame Schulnote zu erarbeiten, ist demnach der Impulsgeber für eine Gruppendiskussion. Tatsächlich aber wertet der Interviewpartner die Ergebnisse quantitativ aus und präsentiert sie auf Betriebsversammlungen. Mit dieser Absicht habe er die Gruppensprechstunden gestartet. Dass er auch stets den Diskussionsprozess aufmerksam verfolgt und daraus wichtige Schlüsse zieht, wird ihm im Rückblick deutlich.

Abb. 7: Sequenz E

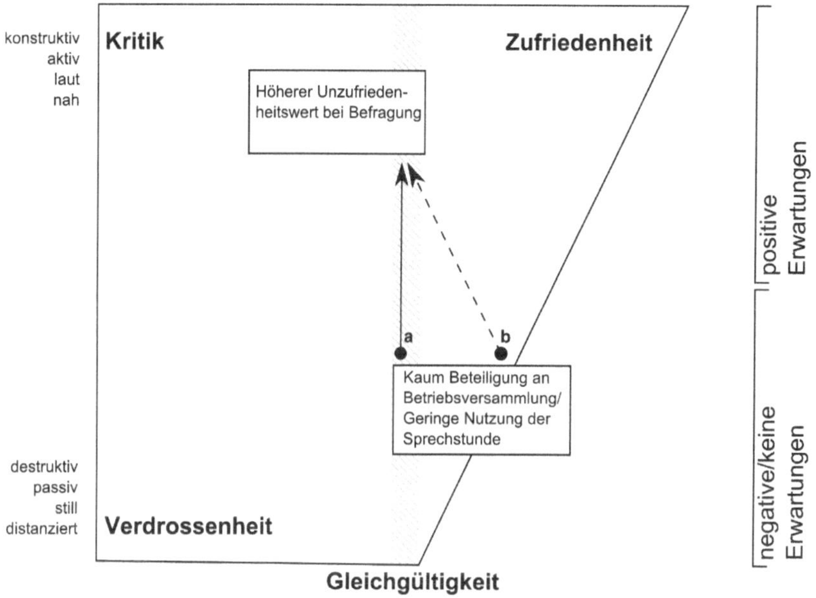

Eigene Darstellung

In den Sequenzen A-E wurden solche Bewegungen im zweidimensionalen Feld analysiert, die durch Maßnahmen des Betriebsrats beeinflusst sind. Ebenso können äußere Einflüsse auf das Feld wirken.

4.3.4 Folgen äußerer Einflüsse auf die zweite Dimension

Der Betriebsratsvorsitzende eines Krankenhauses (Int_Krankenhaus_B) klagt darüber, dass seine Betriebsversammlungen äußerst schlecht besucht sind. Während das Niveau schon immer recht niedrig („etwa 10 Prozent“) gewesen ist, was auch dem Klinikbetrieb geschuldet sei, ist die Besucherzahl in der neuen Legislaturperiode des Betriebsrats kontinuierlich gesunken. In einer Versammlung seien weniger Beschäftigte als Funktionsträger aus Betriebsrat und Geschäftsführung gewesen.

Sequenz F-1[8]

Interviewer: „Warum ist es ihnen wichtig, dass viele Leute auf die Betriebsversammlung kommen?"

Person 1: „Kann ich Ihnen sagen: Das brauche ich, weil ich mache mir wahnsinnig viel Mühe. Das ist für mich tagelange Arbeit. Wenn da nur 20 Leute sitzen, dann könnte ich, wenn ich sensibel wäre, frustriert werden."

Person 2: „Es ist auch schon mal tagesformabhängig, dass man dann, das trifft einen dann schon mal." (Ebd.)

Löst man die Antworten der Interviewpartner aus ihrem Zusammenhang, drängen sich Lesarten auf, die typisch für andere soziale Beziehungen sind. Wer viele Freunde zu seinem runden Geburtstag eingeladen hat, ist frustriert und betroffen, wenn der Partykeller leer bleibt. Dasselbe gilt für Großeltern, die merken, dass jedes Jahr weniger Enkelkinder zur traditionellen Familienfeier kommen. Auf die Frage des Interviewers, warum den Interviewpartnern eine gut besuchte Betriebsversammlung wichtig sei, hätte man auch anders antworten können: Dass die Betriebsversammlung eine wichtige Institution der Betriebsverfassung sei oder ein wichtiger Ort der betrieblichen Meinungsbildung. Person 1, der Betriebsratsvorsitzende, antwortet aber aus einer höchstpersönlichen Perspektive heraus: „Das brauche ich". Auch aus anderen Interviewsequenzen geht hervor, dass Person 1 und Person 2 sich persönlich stark mit ihrem Betriebsratsmandat identifizieren. Sie interpretieren die geringe Besucherzahl nicht nur als Missachtung ihrer Arbeit, sondern auch als persönliche Herabwürdigung. Auf der Betriebsversammlung ‚erwartet' sie niemand, weil die Erwartungen an die Betriebsversammlung negativ (Verdrossenheit) oder gar keine Erwartungen verbreitet sind (Gleichgültigkeit). Als Gastgeber übertragen sie das Fehlen positiver Erwartungen auf sich selbst.

Im Anschluss an diese Sequenz F-1 redet sich der Interviewpartner (Person 2) regelrecht in Rage und zählt unterschiedliche Maßnahmen auf, die bereits ausprobiert wurden, um mehr Interesse für die Betriebsversammlung zu wecken:

Sequenz F-2

„[Wir laden ein] schriftlich, mündlich, telefonisch. Zettel in allen möglichen Regenbogenfarben. E-Mail, Intranet, an der Tür, in DIN A3. Also alle Register. Wir machen die [Einladung] immer auf buntes Papier, damit sie aus der Masse heraussticht (...) wir nehmen so ein Hintergrundbild, wir haben immer eine Form wegen dem Wiedererkennungswert, ich nehme immer denselben Schrifttyp, ich habe einen speziellen Schrifttyp auf meinem Rechner. (...) [zeigt ein Einladungsflugblatt] das geht dann immer in die Fächer. Und das wird ausgehangen. Und am

8 Person 1 ist der Betriebsratsvorsitzende (männlich). Person 2 ist die stellvertretende Betriebsratsvorsitzende.

> Tag selbst auch noch mal, in Rot. Als Erinnerung. Zu den mündlichen Berichten mache ich noch Powerpoint-Kino. Macht man so. Also es ist nicht langweilig, kann man nicht sagen. Auch die Geschäftsleitung gibt sich Mühe. Mit Powerpoint. (*Person 2:* ‚Aber lustig. Nicht so Blau auf Gelb.') Also die, die da sind, die sind dann wirklich zufrieden. Die anderen [macht eine verzweifelte Geste]." (Ebd.)

Die Belegschaft verhält sich offensichtlich passiv, still und distanziert. Das ist ein Verhalten, das im Modell dem unteren Bereich zuzuordnen ist. Bleibt die Frage, ob die Belegschaft aus Gründen der Verdrossenheit oder Gleichgültigkeit der Betriebsversammlung fernbleibt. Das Interview liefert keine Hinweise auf eine ausgeprägte Unzufriedenheit vonseiten der Belegschaft. Insofern ist zunächst davon auszugehen, dass die Haltung der Belegschaft auf Gleichgültigkeit zurückzuführen ist.

Ein Blick auf die Rahmenbedingungen liefert mögliche Erklärungen: Das Krankenhaus ist eine wirtschaftlich gut aufgestellte GmbH, die für ihren einzigen Gesellschafter, die Stadt, schwarze Zahlen schreibt. In den Monaten vor dem Interview wurden rund 150 zusätzliche Beschäftigte eingestellt (Zuwachs von rund 10 Prozent), die alle, ebenso wie die übrige Belegschaft, nach Tarifvertrag bezahlt werden. Vor dem Hintergrund der Expansion gibt es, nach Angaben der Interviewpartner, keinerlei Ängste um Arbeitsplätze. Hinzu kommt ein großes, rundes Jubiläum, das im Jahr nach Beginn der neuen Legislaturperiode des Betriebsrats begangen und über einen Zeitraum von mehreren Monaten ausgiebig zelebriert wurde. Die Festschriften, Chroniken und Reden, die im Rahmen des Jubiläums verbreitet wurden, zeichnen das Bild eines rundum gesunden Unternehmens.

Das alles sind Bedingungen, unter denen Erwartungen an den Betriebsrat schwinden können, ohne dass sich am Grad der Unzufriedenheit etwas ändert. Hinweise auf dieses Phänomen finden sich auch in den anderen Interviews: „Das Problem ist nur, den Leuten geht es zu gut" (Int_Metall). „Wir haben das ‚Goldene Käfig'-Problem" (Int_Mode). „Die Belegschaft ist zu satt und zufrieden" (Int_Krankenhaus_A). Umgekehrt gilt: „Wenn es brennt, dann ist die Hütte voll [Anm.: Betriebsversammlung]" (Diskussion_A).[9]

Veränderte Rahmenbedingungen können die Distanz zwischen Belegschaft und Betriebsrat und die Erwartungshaltung verändern – und damit das Verhältnis von Kritik, Verdrossenheit und Gleichgültigkeit. Im Aufschwung nach wirtschaftlichen Krisen; bei Abgang schwieriger Vorgesetzter; in Phasen der Beruhigung nach Umstrukturierungen weicht der Kitt, der Betriebsrat und Belegschaft verbunden hat. Besetzt der Betriebsrat dann keine neuen Themen, wächst die Gleichgültigkeit ihm gegenüber.

---

9 Protokolle der Diskussionsrunden sind unter den Kürzeln Diskussion_A und Diskussion_B archiviert.

4.4 Zwischenfazit: Zufriedenheit nur Fixpunkt, Nähe als Ziel

Die Qualität der Beziehung zwischen Betriebsrat und Belegschaft definiert sich über das Verhältnis von Kritik/Zufriedenheit und Verdrossenheit/Gleichgültigkeit. Angesichts vielfältiger und sehr unterschiedlicher Interessen ist vollständige Zufriedenheit der Belegschaft kaum erreichbar und nur ein theoretischer Fixpunkt. Handlungsleitend für die Beziehungsarbeit ist die Frage nach Nähe und Distanz, die eng mit der Frage nach Erwartungen verknüpft ist. Verdrossenheit setzt negative, Gleichgültigkeit fehlende Erwartungen voraus. Verdrossene und gleichgültige Beschäftigte sind vom Betriebsrat distanziert.

Positive Erwartungen hingegen bedeuten eine Nähe zum Betriebsrat. Diese Nähe muss nicht an den Grad der Zufriedenheit oder Unzufriedenheit geknüpft sein. Unzufriedene Beschäftigte, die positive Erwartungen haben und dem Betriebsrat nah sind, werden aktiv und äußern Kritik. Sie stellen Entscheidungen des Betriebsrats infrage, nicht aber den Betriebsrat selbst.

Unzufriedene Beschäftigte, die negative Erwartungen haben, wandern mangels Alternative in die Verdrossenheit ab. Sie sind für den Betriebsrat das, was für Unternehmen abgewanderte Kunden, für Parteien verlorene Wähler oder für Verbände verlorene Mitglieder sind.

Nachdem in diesem vierten Kapitel das zweidimensionale Modell der Beziehung zwischen Betriebsrat und Belegschaft skizziert und erläutert wurde, kann nun die Forschungsfrage ein letztes Mal tiefer präzisiert werden:

Für diese Studie wurden Forenbeiträge erfasst, in denen Beschäftigte vielfältigste Gründe für ihre *Unzufriedenheit mit einem Betriebsratsmitglied* oder einem *Betriebsratsgremium* nennen. Alle Unzufriedenheiten sind höchst individuell und einzelfallbezogen. Am Einzelfall lässt sich der Grund für horizontale Bewegungen im zweidimensionalen Modell ablesen (warum ist jemand unzufrieden?). Erst eine vergleichende Analyse aller Einzelfälle legt überindividuelle Muster offen, die zur Antwort auf die entscheidende Frage beitragen: Welche Ursachen hat es, wenn Beschäftigte in Richtung Verdrossenheit abwandern, anstatt sich im Bereich der Kritik zu positionieren? Das ist die Frage nach den vertikalen Bewegungen im zweidimensionalen Modell.

5. ‚Mischt euch nicht ein, ich kann das selbst!' – Das Bedürfnis nach Selbstbestimmung

Ganz früh lernen Kinder stillzusitzen; Schüler, still zu sein, und Beschäftigte, Weisungen zu folgen. Es wird schnell zur Gewohnheit, sich fremden Entscheidungen zu beugen. Das gilt mindestens in der beruflichen und politischen Sphäre. Partizipation kostet erstens Energie und erfordert zweitens ein Vorwissen, das in Lehrplänen kurz kommt. Betriebsräte wecken häufig erstmals Impulse zur Partizipation und erfüllen damit eine wichtige gesellschaftliche Funktion. Denn: „Demokratie ist die einzige politisch verfasste Gesellschaftsordnung, die gelernt werden muss" (Negt 2011: 10). Und Betriebsräte sind, Karl Korsch und Georg Lukács folgend, eine „Demokratieschule der Massen" (vgl. ebd.: 11). In der Arbeitswelt wird Partizipation durch das Betriebsverfassungsgesetz sehr unmittelbar greifbar: Der Gesetzgeber ermächtigt Beschäftigte dazu, über Betriebsräte ihre alltäglichen Arbeitsbedingungen aktiv mit zu gestalten, anstatt sich gegebenen Verhältnissen unterordnen zu müssen.

Dieser Ausstieg aus der Entmündigung führt im Empfinden mancher Arbeitnehmerinnen und Arbeitnehmer allerdings direkt in eine neue Art der Entmündigung: Wurde man vorher durch den Arbeitgeber entmündigt, so wird man es nun durch einen Betriebsrat. Oder extremer: Wo es vorher keine Entmündigung gab, erfährt man sie nun erstmals durch die Betriebsratswahl.

5.1 Ursachen von Unzufriedenheit: Der Widerspruch von Selbst- und Mitbestimmung

In Abschnitt 5.1.1 werden zunächst die Gründe dafür analysiert, warum Beschäftigte mit heftiger Abwehr reagieren können, wenn sich die Gründung eines Betriebsrats abzeichnet. In Abschnitt 5.1.2 geht es um die Frage, aus welchen Gründen sich Beschäftigte von Betriebsräten eingeengt fühlen können. In Abschnitt 5.2 werden die gemeinsamen Muster untersucht, die sich hinter diesen Gründen verbergen, und eine erste Ursache von Betriebsräte-Verdrossenheit benannt: die Missachtung von Ansprüchen an Selbstbestimmung durch Betriebsräte.

5.1.1 Mythen und Abwehrreaktionen

Das Gefühl der Entmündigung kann schon ausbrechen, wenn einzelne Kolleginnen und Kollegen oder Gewerkschaftsvertreter die Wahl eines Betriebsrats vorschlagen. Das Betriebsverfassungsgesetz sieht vor, dass drei Beschäftigte oder eine im Betrieb vertretene Gewerkschaft[1] eine Betriebsratswahl initiieren können. Ein Quorum muss nicht erfüllt werden.

Wie überrascht Beschäftigte auf diese niedrigen Hürden einer Betriebsratswahl reagieren, zeigt die folgende Anfrage in einem Internetforum:

> „Wir hatten heute in der Firma eine Info-Veranstaltung zum Thema ‚Betriebsrat ja oder nein'. Was mich dabei am meisten überrascht hat, war, dass es ja reicht, wenn eine Minderheit einen Betriebsrat will. Es reichen 2, 3 Leute, die einen Betriebsrat wollen und er wird gegen den Willen von Hunderten gegründet. Finde ich irgendwie voll krass. Weiß jemand, warum das so ist? Was habt ihr eigentlich so Erfahrungen mit einem Betriebsrat gemacht (...)?" (Forum_2011_A)[2]

Dieser Fragesteller wurde vorher noch nie von einem Betriebsrat vertreten. Nach der Infoveranstaltung ist seine Einstellung indifferent, er zeigt Interesse am Thema, ist also nicht gleichgültig. Der empfundene Zwang lässt aber den ersten Ansatz einer Distanzierung erkennen („gegen den Willen von Hunderten ... voll krass"). Die Veranstaltung hat ihm das Bild vermittelt, Betriebsräte seien ein Konstrukt, gegenüber dem sich Beschäftigte klar parteiisch positionieren können („Betriebsrat ja oder nein"). Die Einrichtung ‚Betriebsrat' wird hier nicht als Ort demokratischer Aushandlung begriffen, sondern bereits als eine politische Festlegung. Ein Online-Diskutant merkt dazu an, dass man über die Wahl Einfluss auf die Zusammensetzung und damit die Richtung des Betriebsrats habe. Darauf antwortet ein anderer:

> „Ja klar, allerdings wählt man dort nicht ob man einen BR möchte oder nicht, sondern lediglich den Inhalt desselben." (Forum_2011_B)

Um eine Parallele zur Politik zu ziehen: Wer mit einer Regierung unzufrieden ist, wird andere Mehrheiten wählen – nicht aber das Parlament abschaffen wollen. Diese in der Politik selbstverständliche Trennung zwischen Organ und Entscheidung scheint im Falle von Betriebsratswahlen schwerer vermittelbar.

Dass die Ankündigung einer Betriebsratswahl emotional geführte Diskussionen auslösen kann, zeigt das Beispiel der SAP AG. 2006 war dies der letzte DAX-Konzern ohne Betriebsrat. Als drei Beschäftigte, unterstützt durch die IG Metall, einen Wahlvorstand einberufen wollten, brach zuerst bei der Konzernleitung und dann auch bei der Belegschaft ein Sturm der Entrüstung los. In einer Befragung sprachen sich neun von zehn SAP-Beschäftigten gegen die Wahl eines Betriebsrats aus. Dass dieses Ergebnis keinerlei Auswirkung auf die Wahlvorbe-

---

1 Eine Gewerkschaft gilt im Betrieb als vertreten, sobald ein Arbeitnehmer des Betriebs Mitglied der entsprechenden Gewerkschaft ist.

2 Die Kürzel der Forenbeiträge sind so aufgebaut: „2011" ist das Jahr, in dem der Beitrag verfasst wurde, „A" ist eine laufende Chiffre im Verzeichnis der in der Publikation zitierten Beiträge. Alle Forenbeiträge wurden kopiert. Die Rechtschreibung entspricht dem Original.

reitung hatte, heizte die Stimmung weiter an. Über den Fall wurde in den Medien ausführlich berichtet, sodass sich auch Beschäftigte außerhalb der SAP AG eine Meinung gebildet und diese in verschiedenen Internetforen diskutiert haben. Ihr Tenor lautet: Wer keinen Betriebsrat will, sollte ihn nicht aufgezwungen bekommen. Ein Forennutzer zum Beispiel äußert sich zunächst sehr positiv über Betriebsräte im Allgemeinen und erwähnt, dass er sich von seinem eigenen Betriebsrat gut vertreten fühle. Trotzdem spricht auch er sich gegen eine Wahl bei der SAP AG aus:

> „Aber ich finde es nicht in Ordnung, wenn eine Minderheit (hier weniger als 10%) gegen den ausdrücklichen Willen der Mehrheit ihren Willen durchsetzt." (Forum_2006_A)

Mit demokratischen Erwägungen argumentiert der Autor des Beitrags gegen die Betriebsratswahl – scheinbar paradox, ist es doch gerade ein Ziel der betrieblichen Mitbestimmung, demokratische Strukturen im Betrieb zu schaffen. Auf den Einwurf eines anderen Diskussionsteilnehmers, es sei eine „Dummheit" (Forum_2006_H), sich als Beschäftigter gegen die Gründung eines Betriebsrats auszusprechen, präzisiert der Autor des oben zitierten Forenbeitrags:

> „Und vor allem ist es kein Zeichen von Dummheit (...) wenn man in einer Betriebsversammlung seinen Willen kundgibt. In diesem Fall hat die Mehrheit der Wahlberechtigten genau dies getan." (Forum_2006_A)

Obwohl er grundsätzlich Betriebsräte befürwortet, steht für ihn die Mehrheitsentscheidung über der Betriebsverfassung. Seine Argumente scheinen intuitiv einleuchtend zu sein, sie werden genauso von zahlreichen anderen Diskutantinnen und Diskutanten vertreten – unabhängig von ihrer grundsätzlichen Einstellung gegenüber Betriebsräten:

> „Auch die Kommunisten mussten die Menschen zu ihrem Glück zwingen." (Forum_2006_G: lehnt Betriebsräte tendenziell ab, wie aus anderen Beiträgen hervorgeht.)

> „Aber irgendwie hat das doch ein Geschmäckle. Die überwiegende Mehrheit der Belegschaft wollte keinen BR. Ich finde da ist Handlungsbedarf was die Gesetzgebung angeht. So ein Fall war mir bis jetzt nicht bekannt und ist zwar absurd, aber warum soll man jemanden zu seinem Glück zwingen?" (Forum_2006_B: befürwortet Betriebsräte tendenziell, wie aus anderen Beiträgen hervorgeht.)

In keinem Forum wird das Zustandekommen der vermeintlichen Mehrheitsentscheidung bei der SAP AG hinterfragt. Um legitime Mehrheitsentscheidungen treffen zu können, sind legitime Verfahren notwendig – ein gesetzlich geregeltes Verfahren ist die Betriebsversammlung, zu der ein Betriebsrat einlädt. Das hat nicht nur theoretische, sondern ganz praktische Auswirkungen auf die Legitimität der auf nicht legitimierten ‚Infoveranstaltungen' gefällten Beschlüsse: Ob wirklich alle Beschäftigten korrekt eingeladen wurden, ob an der Abstimmung wirklich nur stimmberechtigte Beschäftigte teilgenommen haben, ob es vorher faire Aussprachen beider Seiten gegeben hat, ob die Abstimmung unter fairen Bedingungen (ohne Druck/Kontrolle) abgelaufen ist, kann nicht kontrolliert werden. Anders formuliert: Erst nach einer Betriebsratswahl können Belegschaften über die gewünschte Richtung der Betriebsratsarbeit debattieren und entsprechend die Entscheidungen des Betriebsrats beeinflussen. Dass es dazu gar nicht erst kommt, liegt auch am verbreiteten Eindruck des Gründungszwangs. Dieser sorgt bei noch indifferenten Beschäftigten von Anfang an für eher negative Erwartungen, schafft also eine Distanz zum noch gar nicht gewählten Betriebsrat.

In einem Frage-Antwort-Forum sucht eine Fragestellerin (Arbeitnehmerin, Forum_2010_U) nach Tipps, wie sie die Wahl eines Betriebsrats in ihrem Unternehmen verhindern kann. Ein Arbeitnehmer aus einem anderen Unternehmen antwortet ihr:

> „Hallo Rotmari, (...). Bei uns war es letztes Jahr ähnlich. Wir sind ein Unternehmen mit ca. 400 Mitarbeiter und kamen über 50 Jahre wunderbar ohne BR zurecht. Trotz allem haben sich 3 MA gefunden und haben einen BR ins Leben gerufen, obwohl die Mehrheit der Belegschaft dagegen war, musste ein BR gegründet werden. Es reichen dazu wirklich nur 3 MA. (...) Wir waren eine Truppe, die sich vehement dagegen gewehrt hat. (...) Seit dieser undemokratischen Wahl überlege ich mir, ob sich nicht Gleichgesinnte zusammen tun sollten und Klage beim Obersten Verfassungsgericht einreichen sollte. Ich sehe mich hier in meinen Grundrechten massivst verletzt und die Demokratie mit Füssen getreten. Viele Grüße" (Forum_2010_A)

Der Forenschreiber fühlt sich durch den Wunsch seiner Kollegen, mehr Mitsprache im Unternehmen durchzusetzen, in seinen demokratischen Rechten verletzt. Auch zahlreiche andere Autoren von Forenbeiträgen bringen solche Gefühle ähnlich emotional aufgeladen zum Ausdruck. Diese Beiträge zeigen: Es herrscht weit verbreitet der Eindruck, Arbeitnehmer hätten die Option, gemeinsam darüber zu entscheiden, einen Betriebsrat zu gründen. Tatsächlich aber heißt es im Betriebsverfassungsgesetz §1 Abs. 1: „In Betrieben mit in der Regel mindestens fünf (...) Arbeitnehmern (...) werden Betriebsräte gewählt." Die Wahl ist nicht als Option vorgesehen. In Unternehmen ohne Betriebsrat hat also lediglich noch keine Wahl stattgefunden.

Der Mythos der Gründungsoption wird von der Arbeitgeberseite gerne reproduziert. So entsteht der Eindruck: Bei der Wahl handele es sich nicht um ein grundlegendes Recht, sondern um eine politische Meinungsäußerung, die auf betrieblicher (anstatt auf politischer) Ebene infrage gestellt werden könne. Das setzt Beschäftigte unter einen Positionierungszwang, der zu Abwehrreaktionen führt – noch bevor das Thema auch inhaltlich reflektiert werden kann.

Einmal gewählte Betriebsratsstrukturen können später – auch auf Wunsch einer Mehrheit der Beschäftigten – nicht abgeschafft werden. Nur in ganz seltenen Fällen, bei sehr schweren Pflichtverstößen, können Arbeitgeber, Gewerkschaft oder eine große Belegschaftsgruppe (mindestens ein Viertel) Neuwahlen einleiten. Die Betriebsratsstruktur aber bleibt. Dies resultiert folgerichtig aus der fehlenden Gründungsoption. Wo eine Gründung nicht zur Debatte steht, kann auch eine Abschaffung keine Option sein. Diese ‚Endgültigkeit' kann Ängste auslösen.

> „Die können machen, was sie wollen. Das schönste ist, du kriegst diesen BR nie wieder los ausser bei grober Pflichtverletzung." (Forum_2010_A)

Ein Betriebsrat lässt sich nicht ‚mal ausprobieren' und bei Nichtgefallen kündigen wie eine Versicherung oder ein Zeitschriftenabonnement. Dies schafft einen Nährboden für unterschwellige und auch offene Drohungen der Arbeitgeberseite:

> „Kommt ein Betriebsrat wird uns alles gestrichen. Wir haben zwischen den Jahren einfach so frei ohne Urlaubstage nehmen zu müssen, bekommen Bonus zu Weihnachten obwohl der uns nicht zusteht, muss man mal etwas eher weg sagt keiner was, Überstunden mache ich so gut wie nie. Aber wenn wir einen Betriebsrat wählen, streicht der Chef das alles." (Forum_2009_A)

Behinderungen von Betriebsratswahlen – und so sind diese Drohungen einzuordnen – sind keine Kavaliersdelikte, sondern Straftaten, die nach § 119 BetrVG sogar mit Freiheitsstrafen geahndet werden können. Beschäftigte projizieren ihre Wut, die aus der Sorge vor wegfallenden Privilegien resultiert, aber auf ihre wahlwilligen Kollegen:

> „ja wir haben Betriebsrat, weil ein paar es so gewollt haben. Die Firma war immer sozial. Aber jetzt haben wir Betriebsrat wegen paar Schwachmaten." (Forum_2009_B)

Im folgenden Beitrag wirft der Schreiber solchen Beschäftigten, die freiwillig auf einen Betriebsrat verzichten, in deutlichen Worten Anbiederung an den Arbeitgeber vor (letzter Satz des folgenden Zitats). Trotzdem sieht auch er den Vertretungszwang kritisch und schlägt eine Lösung vor:

> „Also ich könnte mir ein Modell vorstellen, indem man sich freiwillig als einen Betriebsratsbetreuten Mitarbeiter entscheiden könnte. Unter den Mitgliedern wird dann der BR gewählt. Was die dann aushandeln gilt auch nur für diese Gruppe, der Rest darf weiter in den Analkanal kriechen." (Forum_2006_B)

Dieser Vorschlag ist eine verbreitete Reaktion auf den Vertretungszwang.

Es lassen sich unterschiedliche Formen von Interessenvertretungen unterscheiden. Nämlich erstens solche, denen sich die Vertretenen freiwillig anschließen, und zweitens solche, denen die Vertretenen nicht entgehen können. Für beide Formen gilt: Ab einer bestimmten Größe können nicht mehr alle Vertretenen in alle Entscheidungen eingebunden werden, sodass höhere Stellen geschaffen werden müssen, an die dann Entscheidungsmacht delegiert wird. Die Vertretenen unterwerfen sich dann dieser Entscheidungsmacht, die immer auch Verlierer produzieren kann. Der Unterschied: Wer zu häufig verliert, kann aus der ersten Vertretungsform austreten, aus der zweiten jedoch nicht.

Interessenvertretungen, die ihr Mandat von allen Vertretenen freiwillig übertragen bekommen haben, können grundsätzlich im Namen aller Vertretenen sprechen. Dem Betriebsrat kann sich ein Arbeitnehmer aber nicht entziehen – weder im Ganzen noch in bestimmten Punkten. Die folgende Petition, die von einer Mitarbeiterin des SAP-Konzerns beim Bundestag eingereicht wurde, gibt tieferen Einblick in die Struktur dieses ‚Freiwilligkeits-Arguments' und soll deswegen als Einzelfall analysiert werden.

Einzelfall: Petition bei SAP

Nach einer kurzen Einleitung, in der sich die Einbringerin vorstellt, beginnt die Petition wie folgt:

> „Zur Sache: Unser Unternehmen ist in seiner Branche Weltmarktführer und schafft seit 35 Jahren kontinuierlich neue Arbeitsplätze in Deutschland." (sap-Petition)

Das Unternehmen wird hier gleichzeitig als wirtschaftliche und soziale Autorität vorgestellt. Wirtschaftlich, weil es Weltmarktführer ist; sozial, weil es Arbeitsplätze schafft. Diese Logik folgt dem Argument, wonach sozial sei, was/wer[3] Arbeit schaffe. Wer sich gegen die Linie des Unternehmens stellt, verhindert die Schaffung „kontinuierlich neue[r] Arbeitsplätze in Deutschland", so die Kausalkette, die vermittelt werden soll.

> „Die Arbeit in unserem Unternehmen ist schöpferischer Natur, die Anforderungen wechseln ständig und sind in keinerlei gewerkschaftliche Normen pressbar. Wir Mitarbeiter fühlen uns als Mitunternehmer, die seit Gründung des Unternehmens in jedem Jahr am Unternehmenserfolg teilhatten." (sap-Petition)

Die Autorin sieht sich und ihre Kollegen nicht als Arbeitnehmer, sondern vielmehr als Künstler, deren Werk „schöpferischer Natur" ist. Ihrer Kunst verpflichtet, nur ihrer Begabung, ihrem Geist, ihrer Kreativität folgend, können sie keine

3 „Sozial ist, *wer* Arbeit schafft" war bei der letzten Reichstagswahl am 05. März 1933 der Wahlspruch einer Gruppierung, die die Machtübernahme Hitlers unterstützte. „Sozial ist, *was* Arbeit schafft" war ein Wahlspruch der CSU zur Bundestagswahl 2002 und ein Slogan der arbeitgebernahen Lobbygruppe „Initiative Neue Soziale Marktwirtschaft."

Rücksicht auf etwas vermeintlich so Banales wie „gewerkschaftliche Normen" nehmen. Dies würde sie in ihrer Schöpfung behindern. Dem steht im selben Abschnitt die Orientierung am Unternehmenserfolg gegenüber.

> „Im Aufsichtsrat werden die Mitarbeiter durch acht Arbeitnehmer vertreten. Die Arbeitnehmervertreter im Aufsichtsrat sind eingebunden in alle Entscheidungen. Sie haben im AR die Möglichkeit, Fakten vor dem Hintergrund globaler und strategischer Aspekte zu bewerten. Die interne Vereinbarung zwischen Vorstand und Arbeitnehmervertretern fördert offenen Dialog." (sap-Petition)

Ein Betriebsrat sei auch deswegen unnötig, weil über Arbeitnehmervertreter im Aufsichtsrat bereits eine vermeintlich bessere Form der Mitbestimmung gegeben sei: Entscheidungen im Konzern müssten vor dem „Hintergrund globaler und strategischer Aspekte" bewertet werden, was ein Betriebsrat nicht leisten könne. Es folgt wieder eine paradoxe Formulierung: „*Interne* Vereinbarungen" (also Absprachen zwischen den Bänken im Aufsichtsrat) förderten einen *„offenen"* Dialog. Diese Offenheit schließt die ‚normalen' Arbeitnehmer, die nicht im Aufsichtsraten sitzen, jedoch aus.

> „Alle Entscheidungen werden ohne Blockbildung herbeigeführt, da sie bei unterschiedlichen Positionen bis zur Konsensfähigkeit diskutiert und modifiziert werden. Alle Entscheidungen können deshalb auch kompetent den Mitarbeitern vermittelt werden. Fremde Interessen von Verbänden, Gewerkschaften oder politischen Strömungen haben keinerlei Einfluss auf die Diskussion und Entscheidungsfindung. Eine Polarisierung in Konfliktfällen wird konstruktiv vermieden. So war es bisher." (sap-Petition)

Im Aufsichtsrat herrsche eine Kultur idealtypischer Basisdemokratie. Betriebsräte würden diese Konsensorientierung untergraben, weil sie fremde Einflüsse ins Unternehmen bringen würden. Die Sorge der Petitionsstarterin, die auch in zahlreichen Internetforen von Mitarbeitern anderer Unternehmen vertreten wird, lautet: Gewerkschaftsnahe Betriebsräte könnten im Sinne gewerkschaftlicher Politik am Wohl aller Arbeitnehmerinnen und Arbeitnehmer – und nicht ausschließlich am Wohl der im Unternehmen tätigen Beschäftigten – orientiert sein.

> „Die Folgen [eines Betriebsrats] sind vorhersehbar: am Standort Deutschland wird das Geschäft Schritt für Schritt immer träger werden, bis hier so viel Sand im Getriebe ist, dass nur noch Nebenschauplätze in Deutschland bleiben können." (sap-Petition)

Ein Betriebsrat würde laut der Autorin unweigerlich dazu führen, dass der Konzern die Arbeitsplätze ins Ausland auslagern müsste. Nicht aus Boshaftigkeit, sondern weil er sonst nicht überlebensfähig wäre. Hier greift wieder ein Zirkelschluss: Konzerne, die Arbeitsplätze schaffen, sind gut. Wer sie darin vermeintlich behindert, ist schlecht. Also sind Betriebsräte schlecht. Studien zeigen, dass

Betriebsräte sowohl in als auch außerhalb von Krisen Arbeitsplätze sichern (vgl. z.B. Jirjahn 2008; Jirjahn 2010; Horn et al. 2009; Bodegan et al. 2009; Schmidt 2009) und Unternehmen mit Betriebsrat im Durchschnitt mehr als zehn Prozent höhere Löhne und Gehälter zahlen (Zwick 2007). Die Angst vor einem möglichen Arbeitsplatzverlust überdeckt jedoch häufig rationale Argumente.

In der Petition werden Argumente formuliert, die zunächst leicht als schlüssig akzeptiert werden können. Das zeigen die Forenbeiträge, die vorab in diesem Kapitel zitiert wurden. Fehlt es vor den Wahlen an argumentativ starken Wahlvorständen oder Gewerkschaftsvertretern, behindern solche Argumente eine mögliche Wahl.

5.1.2 Mitbestimmung als Kontrolle

Häufig stützt sich Kritik an Betriebsräten darauf, dass sie einzelnen Beschäftigten gewünschte Flexibilität nehmen würden. Ohne Betriebsrat, so das Argument, seien diese Beschäftigten besser bedient. Im empirischen Material dieser Studie lassen sich drei Gruppen solcher Flexibilitätskonflikte unterscheiden:

Fälle der *ersten* Gruppe handeln stets davon, dass der Betriebsrat auf die Einhaltung von Gesetzen oder Regelungen achtet, gegen die Beschäftigte aus verschiedenen Gründen verstoßen wollen. Fälle der *zweiten* Gruppe: Hier kritisieren Beschäftigte Vereinbarungen, die einvernehmlich zwischen Betriebsrat und Geschäftsleitung getroffen wurden. Fälle der *dritten* Gruppe: Betriebsräte engen einzelne Beschäftigte oder bestimmte Arbeitsabläufe aus strategischen Gründen ein, etwa um anderen Forderungen Nachdruck zu verleihen.

Zur ersten Gruppe (Einhaltung von Gesetzen und Regelungen)

Im Betriebsalltag kommt es immer wieder zu vermeintlichen ‚Kavaliersdelikten', die häufig aus Bequemlichkeit begangen werden. Zum Beispiel: Beschäftigte verzichten auf Sicherheitsschuhe, weil sie ihnen modisch nicht gefallen, oder es werden, wegen hoher Temperaturen, keine Helme getragen. Es ist Aufgabe von Betriebsräten, gegenüber Arbeitgebern solche Rahmenbedingungen durchzusetzen, die sicheres Arbeiten ermöglichen. Sie müssen also zum Beispiel dafür sorgen, dass genügend Helme vorrätig sind. Wenn Betriebsräte in einem zweiten Schritt gegenüber Beschäftigten darauf pochen, diese Rahmenbedingungen auch zu nutzen (also zum Beispiel die Helme zu tragen), können sie sich als „Betriebspolizei" (Forum_2012_A) unbeliebt machen. Abgesehen von diesen alltäglichen Fällen geraten Beschäftigte gelegentlich in Konflikt mit ihrem Betriebsrat, weil sie massiv gegen Gesetze verstoßen wollen:

> „Ich habe den betriebsrat nicht gewählt um noch eine instanz zu haben die über mich wacht das ich die gesetze einhalte." (Forum_2007_A)

Diesen Altenpflegehelfer stört es, dass sein Betriebsrat auf die Einhaltung von Gesetzen pocht, die ihn vor Willkür und Patienten vor gesundheitlichen Beeinträchtigungen schützen sollen. Seine Kritik: Er sei nicht produktiv genug, weil der Betriebsrat darüber wache, dass er als Altenpflegehelfer nur solche Aufgaben übernehme, die er in seiner einjährigen Ausbildung gelernt habe. Deswegen müsse er immer wieder examinierte Altenpflegerinnen und Altenpfleger um Hilfe bitten, was ihn in seiner Arbeit behindere. Diese Haltung kann zwei Ursachen haben: Womöglich schämt sich der Altenpflegehelfer dafür, in seiner Tätigkeit von besser ausgebildeten Kolleginnen und Kollegen abhängig zu sein. Der Betriebsrat führt ihm dies immer wieder vor Augen, indem er auf Einhaltung der Gesetze pocht. Was unterscheidet diesen Fall von den vorher genannten vermeintlichen ‚Kavaliersdelikten'? Hier gefährdet sich der Beschäftigte nicht selbst, sondern das Gehaltsniveau seiner voll ausgebildeten Kolleginnen und Kollegen. Insofern wäre ein Eingreifen in diesem Fall ein Akt der Interessenvertretung, in den vorher genannten Fällen nicht.

Häufiger Streitpunkt zwischen Beschäftigten und Betriebsräten ist die Einhaltung des Arbeitszeitgesetzes.

> „Vor einer Weile wurde ich befördert und bin zur Zeit ca 12-14 Std täglich für meine Firma unterwegs (bezahlte Arbeitszeit). Nun habe ich letztends mit meiner Cheffin gesprochen und sie meinte, dass ich weniger Stunden arbeiten müsste weil es sonst Probleme mit dem Betriebsrat gäbe. Sie meinte ich müsse schauen, dass ich maximal auf 50 Stunden komme. Der Betriebsrat hat in unserem Unternehmen eine wie ich finde zu grosse Machtstellung und nun habe ich Sorgen, dass ich von ihm ‚eine aufs Dach bekomme'. Nun meine Frage, gibt es irgendein schriftliches Formblatt, das den Betriebsrat von der Aufsichtspflicht entbindet, da ich eigentlich die momentane Arbeitszeit mit dem doch recht hohen Auftragsvolumen rechtfertigen kann und auch Lust habe die momentane Arbeitszeit beizubehalten. Ich habe halt keine Lust, dass meine Cheffin oder ich selbst wegen meiner hohen Arbeitszeit Ärger bekommen und eigentlich darf man doch soviel arbeiten wie man will, oder?" (Forum_2011_C)

Es ist Aufgabe von Betriebsräten, die Einhaltung des Arbeitszeitgesetzes zu überwachen. Das gibt Streit mit solchen Beschäftigten, die mehr arbeiten wollen, als es das Gesetz erlaubt – in den erhobenen Forenbeiträgen finden sich dafür vier unterschiedliche Gründe:

1. Wird Mehrarbeit[4] mit Freizeit ausgeglichen, können zusätzliche Urlaubstage oder sogar Urlaubswochen angespart werden. Dies kann sich so weit

4 Mehrarbeit ist die Arbeitszeit, die über die gesetzlichen Arbeitszeitgrenzen hinausgeht. Überstunden hingegen definieren die Zeit, die über die vertraglich geregelten Arbeitszeiten hinausgeht. Ein Teilzeitbeschäftigter mit beispielsweise 20 Wochenstunden, der aber in einer Woche 60 Stunden arbeitet, wird 40 Überstunden anhäufen – aber zwölf

verselbstständigen, dass Beschäftigte bereits Reisen buchen, obwohl die dafür nötigen Überstunden noch gar nicht aufgebaut sind (Notiz aus Gruppendiskussion 1).

2. In manchen Unternehmen wird Mehrarbeit bzw. werden Überstunden ausgezahlt, teilweise mit Zuschlägen. Beschäftigte haben so die Möglichkeit, ein höheres Einkommen zu erzielen.
3. Überdurchschnittliche Präsenz im Betrieb kann als Leistungsmaßstab gelten – wobei *Überdurchschnittlichkeit als Vergleichswert* stets wächst, je mehr Beschäftigte überdurchschnittlich sein wollen.
4. In der zweiten Gruppendiskussion berichteten Betriebsräte von solchen Beschäftigten, die zwar Mehrarbeit bzw. Überstunden leisten, diese aber nicht dokumentieren. Dies ist darauf zurückzuführen, dass Beschäftigte vermeintliche Schwächen verbergen wollen. Wenn alle anderen Kollegen ein gewisses Pensum schaffen, sehen die Betroffenen das als Maßstab, mit dem sie mithalten müssen, auch wenn sie selbst mehr Zeit benötigen.

Die Punkte drei und vier stellen Betriebsräte vor eine besondere Herausforderung: Diese Formen der Mehrarbeit entspringen nicht intendierten, sozialen Abhängigkeiten. Uwe Schimank (2002: 207ff.) spricht von „Beobachtungskonstellationen", wenn Beschäftigte sich gegenseitig beobachten und ihr Handeln einander anpassen. Diese Form des Beobachtens kann zu sozialer Kontrolle führen – unter hierarchiegleichen Beschäftigten. Dem Betriebsrat fehlt dann der ‚Gegner', den man mit Mitteln des Gesetzes zur Unterlassung zwingen könnte. Stattdessen sind es die von ihm Vertretenen selbst, die das Problem einerseits verursachen und andererseits darunter leiden.

Zur zweiten Gruppe (Kritik an gemeinsamen Vereinbarungen zwischen Betriebsrat und Arbeitgeber)

Zahlreiche Fälle, in denen sich Beschäftigte vom Betriebsrat eingeengt fühlen, sind auf Vereinbarungen zurückzuführen, die gemeinsam von Betriebsrat und Arbeitgeber beschlossen wurden.

> „es wurde vom BR gefordert und durchgesetzt, dass unsere tägl. Arbeitszeit zw. 7h und 17:45h liegt. Wer früher kommt oder später geht muss einen Mehrarbeitsantrag stellen. So einen Unsinn habe ich noch nie gesehen, es raubt uns faktisch unsere flexibilität; einerseits bei Projektleitern, die durch Kunden in USA oder Fernost nicht flexibel sind, andererseits nicht minder wichtig: beim Prozess Leben und Beruf zu vereinbaren. (...)" (Forum_2011_D)

Stunden Mehrarbeit (bei einer Sechs-Tage-Woche ohne Ausnutzung von Ausnahmeregelungen).

Gleitzeitfenster werden nicht allein vom Betriebsrat bestimmt, sondern in Vereinbarungen zwischen Betriebsrat und Arbeitgeber beschlossen. Werden sich beide Parteien nicht einig, entscheidet eine Einigungsstelle oder ein Arbeitsgericht. Dabei wird berücksichtigt, dass die Unternehmensabläufe – unter Beachtung der Gesetze – nicht behindert werden. So ist zum Beispiel für international tätige Unternehmen sichergestellt, dass sie mit Partnern aus anderen Zeitzonen kommunizieren können. Selbst wenn also ein Mehrarbeitsantrag gestellt werden muss, kann der Betriebsrat ihn nicht erfolgreich ablehnen, sofern (und das ist entscheidend) die Mehrarbeit außerhalb des Gleitzeitfensters tatsächlich notwendig und nicht etwa Folge einer verfehlten Personalplanung ist. Der Mehrarbeitsantrag dient also gerade der Flexibilität, weil er Ausnahmen von Vereinbarungen zulässt, ohne die Arbeitszeiten für alle Beschäftigten ausufern zu lassen.

Aus Sicht des Forenschreibers ist es trotzdem zunächst der Betriebsrat, der ihn einengt und der seine Unzufriedenheit auslöst. Offenbar ist die Überwachung von Arbeitszeitgesetzen nur schwer mit der Funktion als Interessenvertretung vereinbar. Doch muss die Überwachung differenzierter betrachtet werden: Dass der Betriebsrat Rahmenbedingungen durchsetzt und kontrolliert, die es Beschäftigten erlauben, nicht gegen Arbeitszeitgesetze verstoßen zu müssen, ist laut den erhobenen Daten noch kein Grund für Unzufriedenheit. Unzufriedenheit kommt erst auf, wenn der Betriebsrat darauf drängt, dass Beschäftigte diese Rahmenbedingungen auch nutzen.[5]

Zur dritten Gruppe (Einengung aus strategischen Gründen)

Beschäftigte sind nicht verpflichtet, an Betriebsversammlungen teilzunehmen. Entsprechend gering kann in manchen Unternehmen die Beteiligung sein. Im empirischen Material zeigt sich, dass es sich in bestimmten Abteilungen oder unter bestimmten Arbeitnehmertypen ‚nicht gehört', zur Betriebsversammlung zu gehen:

> „dann gibt es Leute, die sich nicht trauen zu sagen, dass sie gerne hin möchten. Es ist nicht so, dass jemand entlassen würde, wenn er sagt ‚ich möchte gerne zur Betriebsversammlung'. Ich denke mir, der Druck ist diffiziler, er ist stellenweise aus den Kollegen heraus gesteuert." (Int_Mode, Person 2)

Wenn der Wunsch, die Betriebsversammlung zu besuchen, als politisches Statement begriffen werden kann, so gilt dies ebenfalls für einen bewussten Boykott:

---

5 Auch hier ist der Umstand problematisch, dass einzelne Beschäftigte, die vermeintlich freiwillig gegen Arbeitszeitgesetze verstoßen, eine Spirale in Gang setzen können, die andere Beschäftigte wiederum unter Zugzwang setzt. Strategien des Betriebsrats gegen diesen Zugzwang resultieren dann womöglich in der Einengung einzelner Beschäftigter. Hier kommt es dann auf die Kommunikation der Strategie an (vgl. Kapitel 7), um systematische Unzufriedenheit zu vermeiden.

> *Forum_2008_I:* „Wir haben demnaechst eine, vom BR einberaumte, Betriebsversammlung. Dafuer wird unser Buero fuer ca. 4 Stunden geschlossen. Muss ich jetzt, wenn ich an dieser Versammlung nicht teilnehmen moechte, Ueberstunden einsetzten ? Ich habe mal irgendwo gelesen, dass das dann eine Aussperrung waere. Vielen Dank fuer Infos."
>
> *Forum_2008_J:* „Geh doch hin, schadet nicht und ist am komplikationslosesten!"
>
> *Forum_2008_I:* „Ich moechte mir das Geschwafel aber nicht anhoeren !
>
> *Forum_2008_K:* „(...) [das wäre] unentschuldigtes Fehlen. (...) Überstunden kannst Du dann in Absprache natürlich auch abfeiern."
>
> *Forum_2008_I:* „Ich moechte KEINE Ueberstunden dafuer abfeiern."

Der Betriebsrat sorgt hier dafür, dass den Beschäftigten nichts anderes übrig bleibt, als die Betriebsversammlung zu besuchen. So können auch solche Beschäftigte teilnehmen, die zwar gerne möchten, aber Nachteile fürchten. Mit welcher Vehemenz andere Beschäftigte auf diese Strategie reagieren, zeigt die oben zitierte Diskussion. Die Fragestellerin scheint geradezu phobisch nach einem Ausweg zu suchen, sich der Strategie des Betriebsrats widersetzen zu können. Womöglich schlägt sie diesen Kurs ein, um als Verweigerin gegenüber Kolleginnen und Kollegen oder Vorgesetzten in einem guten Licht zu stehen.

5.2 Ursachen von Verdrossenheit: Missachtung von Ansprüchen an Selbstbestimmung durch Mitbestimmung

Die gemeinsame Lesart der in Abschnitt 5.1 zitierten Forenbeiträge lautet: ‚Lass mich in Ruhe, ich kann das selbst!' Hilfsangebote des Betriebsrats werden als Einmischungen interpretiert, die Unzufriedenheit auslösen. Weil Beschäftigte den Einmischungen strukturell nicht entkommen können (sie haben keine Exit-Option), distanzieren sie sich möglichst weit vom Betriebsrat – sie werden verdrossen. In den folgenden Forenbeiträgen wird diese Lesart besonders deutlich:

> „Wir sind doch erwachsen und dürfen über unser Leben selbstbestimmen. Warum ausgerechnet hier nicht? Finden Sie nicht das es unpassend ist, über 4000 Menschen dieses Maß an Selbstbestimmung zu nehmen?" (Forum_2006_D)

Hier sieht ein Beschäftigter seine Selbstbestimmung durch die Mitbestimmung bedroht. Um dies plastisch zu machen, benutzt er das Bild des Erwachsenen, der im Gegensatz zu Kindern keiner elterlichen Aufsicht und Fürsorge bedarf. Diese Argumentation ist nicht auf privilegierte Beschäftigte in privilegierten Branchen beschränkt – sie lässt sich auch in Branchen dokumentieren, die für prekäre Arbeitsbedingungen bekannt sind. Der Mitarbeiter eines großen, bundesweit agierenden Callcenters bedient sich desselben Motivs:

> „Wir sind schon alt genug, um unsere eigene Meinung zu vertreten (...).“ (Forum_2007_B)

Dieses Zitat könnte ebenso als Argument *für* Betriebsräte gewertet werden. Weil die Beschäftigten alt genug sind, können sie einen Betriebsrat wählen, um ihre eigene Meinung zu vertreten. Tatsächlich argumentiert der Autor mit diesen Worten aber gegen die Wahl eines Betriebsrats. Die Distanz und Ablehnung, die die Lesart ‚Lass mich in Ruhe, ich kann das selbst!‘ zum Ausdruck bringt, ist eine Abwehrreaktion gegen Einmischung.

In Zeiten „wachsender Wertschätzung von Freiheit, Autonomie und individueller Verantwortung“ (Geissler 2008: 269) stoßen solche Betriebsräte, die sich selbst als mütterliche, fürsorgende Aufpasser oder „Kontrollorgane“ begreifen, zunehmend an ihre Grenzen.

So sind zum Beispiel „Spielräume in der Zeiteinteilung positive Bezugspunkte für eine Identifikation mit der Arbeit“ (Geissler 2008: 269). Ein „Antrag auf Genehmigung zur Abweichung von der Kernarbeitszeit“ (Dok_Metall2) kann da auf solche Beschäftigtengruppen, denen Selbstbestimmung ein hoher Wert ist, altbacken und einengend wirken, auch wenn er zum Schutz vor ausartenden Überstunden gedacht ist. Denn was Martin Baethge (1991) als „normative Subjektivierung von Arbeit“ beschrieben hat, also die Ansprüche Beschäftigter nach subjektivierter Arbeit[6] (z.B. in Form von Selbstverwirklichungsmöglichkeiten), hat ebenso seine Schattenseiten: Subjektivierung von Arbeit ist auch ein Instrument zur Rationalisierung, wenn die „sachlichen Zwänge des Marktes unmittelbar an die Beschäftigten“ (Minssen 2006: 212) vermittelt werden, was zu einer „erheblichen Steigerung des Leistungsdrucks“ (Döhl et al. 2000: 10) führen kann. Frank Kleemann, Ingo Matuschek und G. Günter Voß (2002) sprechen von einem doppelten Bezug der Subjektivierung, weil sowohl Beschäftigte verstärkt subjektive Ansprüche an ihre Arbeit stellen, aber Arbeitgeber sie gleichzeitig auch einfordern. Betriebsräte haben also das Problem, sowohl die Ansprüche ihrer Belegschaft zu fördern, gleichzeitig die Forderungen des Arbeitgebers zu kontrollieren und zu begrenzen – und beides voneinander zu unterscheiden, was nie leicht war und schwerer wird. Denn: Ein sich ausbreitender Herrschaftsmodus bestehe darin, „Bedingungen zu schaffen, unter denen die Beherrschten mehr als bisher dieselben Ziele verfolgen wie die Herrschenden“

---

6 Subjektivierung von Arbeit meint einen Prozess, der sich durch zunehmende Selbstorganisation, Selbstkontrolle und Selbstökonomisierung auszeichnet. Dies kann Beschäftigte einerseits unter Druck setzen, andererseits aber auch Ansprüche an Selbstbestimmung bedienen. Vgl. für eine knappe Einführung zum Konzept Lohr (2003) und zum aktuellen Stand des Diskurses Kleemann (2012).

(Moldaschl/Sauer 2000: 213). Ein Interviewpartner sagt zum Umgang seines Gremiums mit dem Thema Mehrarbeit:

> *Person 1:* „Also restriktiv sind wir nur noch für das Wochenende. Von Montag bis Freitag haben wir unsere Mitbestimmungsinstrumente völlig frei gegeben. Also die können eigentlich machen, was sie wollen. (...) Ich sag den Leuten dann auch: Von mir aus könnt ihr, Gesetz jetzt mal bei Seite, wenn ihr 16 Stunden am Tag arbeiten wollt, dann tut es. Ist mir doch egal. Aber lasst die Leute in Ruhe, die nach acht Stunden gehen wollen. (...) Das ist so das Ding. Und für das Wochenende ist es so, dass man eher eigentlich nicht den Vorgesetzten im Betriebsratsbüro stehen hat, wenn wir ablehnen, sondern der Mitarbeiter ist sauer. Also das ist sehr kurios."
>
> *Person 2:* „Das ist immer so die Gratwanderung zwischen flexibel denken können, aber andererseits den Mitarbeiter vor sich selber schützen zu wollen." (Int_Mode)

Während die hier thematisierten Beschäftigten sich aus ihrer Sicht freiwillig über Soll engagieren, sehen Betriebsräte die Risiken hinter „Leistungsspiralen" (Minssen 2012: 126), die Konzepte wie ‚Normalleistungen' nicht nur immer weiter ausdehnen, sondern letztlich durch solche Verfahren ersetzen, „die sich abstrakter und dynamischer Ziel- und Ergebnisvorgaben bedienen" (Dunkel et al. 2010: 358). Doch entweder können Betriebsräte diese komplizierten Zusammenhänge nicht vermitteln, oder die betroffenen Beschäftigten sind dafür nicht erreichbar. Das mag an unterschiedlichen psychologischen Verträgen liegen, die Betriebsräte und betroffene Beschäftigte gegenüber dem Arbeitgeber verinnerlicht haben – sie denken in unterschiedlichen Skripten:

Denise M. Rousseau und Judi McLean Parks (1993) unterscheiden transaktionale Verträge, die einem ökonomischen Fokus folgen und eine kurzfristige Perspektive haben, sowie relationale Verträge, in denen Beschäftigte ihre Loyalität langfristig gegen Arbeitsplatzsicherheit tauschen.

Tab. 2: Transaktionale und relationale Verträge

Transaktionaler Vertrag	Relationaler Vertrag
Selbstbestimmung	Arbeitsplatzsicherheit zum Preis von Fremdbestimmung
Wunsch nach Weiterentwicklung von Fähigkeiten, die auch außerhalb des Unternehmens vermarktbar sind	Langfristige, eventuell lebenslange Beschäftigung
Aktuelle Stelle wird als Karrieresprungbrett begriffen	Loyalität
Flexibilität	Spezialisierung
Zeithorizont: kurzfristig	Zeithorizont: langfristig

Eigene Darstellung in Anlehnung an Raeder/Grote (2001)

Der transaktionale Vertrag beruht auf dem Prinzip, Mitarbeiter nur solange zu halten, wie sie maximale Ergebnisse liefern. Das bedeutet für den Mitarbeiter, „seine maximale Anstrengung auf die von der Organisation belohnten Leistungen auszurichten und auf den zügigen Erhalt einer Gegenleistung zu achten" (Kaschube 2006: 121). Bleibt die erwartete Leistung oder die Gegenleistung aus, orientiert sich die Partei, die einen Vertragsbruch sieht, um. Es ist vor allem der kurze Zeithorizont dieses Vertrages, der mit einer Vertretung durch solche Betriebsräte, die die Einhaltung relationaler Verträge verfolgen, unvereinbar ist.

Dass bestimmte Beschäftigtengruppen von der betrieblichen Mitbestimmung ausgenommen werden müssen, wurde schon früh im Betriebsverfassungsgesetz berücksichtigt. In der heutigen Fassung heißt es in § 5 BetrVG Abs. 3:

> [Das Betriebsverfassungsgesetz findet keine Anwendung auf leitende Angestellte. Es fällt in diese Gruppe, wer] „regelmäßig sonstige Aufgaben wahrnimmt, die für den Bestand und die Entwicklung des Unternehmens oder eines Betriebs von Bedeutung sind und deren Erfüllung besondere Erfahrungen und Kenntnisse voraussetzt, wenn er dabei entweder die Entscheidungen im Wesentlichen frei von Weisungen trifft oder sie maßgeblich beeinflusst; (...)"

Formuliert wurde dieser Absatz im Rahmen der ersten Novellierung des Betriebsverfassungsgesetzes im Jahre 1972 – also zu einer Zeit, in der tayloristische Industriearbeit das Bild von Arbeit geprägt hat. Die Unterscheidung zwischen ‚normalen‘ Angestellten und solchen, die in ihrer leitenden Funktion unternehmerische Aufgaben übernehmen, ist seiner Zeit deutlicher gewesen.

„Frei von Weisungen" sein; hohe Autonomiespielräume haben; mit seinen Erfahrungen zur Entwicklung des Unternehmens beitragen; sich mit dem Unternehmen identifizieren können – das sind Ansprüche, die heute auch nicht-leitende Angestellte an sich selbst und ihre Arbeit haben. Diese Beschäftigten sehen nicht unbedingt einen Interessengegensatz zwischen ihren eigenen und den Ansprüchen des Arbeitgebers, weswegen sie für sich keine klassischen Interessenvertretungen wollen. Solche „Beschäftigtentypen, die sich aufgrund ihrer Orientierung vermeintlich nicht mehr in der dualen Gegenüberstellung von Unternehmen und abhängig Beschäftigten beschreiben lassen" (Boes 2003: 11), werden unter dem Begriff des „Arbeitskraftunternehmers" (vgl. Pongratz/Voß 2003) diskutiert. Der (idealtypische) Arbeitskraftunternehmer plant, steuert und überwacht sich weitgehend selbst und orientiert sich dabei nur an Zielvorgaben. Arbeitskraftunternehmer übernehmen dabei die Rolle des Unternehmers, „indem sie sich zu sich selber wie ein herrschaftsausübender Unternehmer verhalten" (Voß 2004: 151). Wer in diesem Konzept das Ziel seiner eigenen Subjektivierungsbestrebungen sieht, wird sich von solchen Betriebsräten distanzieren, die sich nur auf die (Selbst-)Ausbeutungsrisiken (vgl. dazu Moosbrugger 2012) des Arbeitskraftunternehmers konzentrieren und „ihn vor sich selber schützen (...) wollen" (Int_Mode, Person 2). Solche Beschäftigten reagieren verdrossen auf diese Art von Mitbestimmung.

6. ‚Bezieht mich endlich mit ein!' – Das Bedürfnis nach Partizipation

Kapitel 5 hat die Missachtung von Selbstbestimmungsbedürfnissen als eine Ursache von ‚Betriebsräte-Verdrossenheit' ausgemacht. In diesem Kapitel zeigt sich nun, dass ebenso die Missachtung von Partizipationsbedürfnissen eine Ursache von ‚Betriebsräte-Verdrossenheit' ist. Partizipation an Betriebsratsarbeit bedeutet für Beschäftigte in erster Linie Information durch ihren und Kommunikation mit ihrem Betriebsrat.

Interessenorganisationen sind institutionell-organisatorisch nicht mit Interessenvertretungen gleichzusetzen. Diese theoretische Differenzierung spielt aber für die Beziehung zwischen Betriebsrat und Belegschaft (zumindest aus Sicht der Belegschaft) keine Rolle, weswegen ein Vergleich der beiden Formen von Interessenvertretung im Hinblick auf ihre interne Öffentlichkeitsarbeit aufschlussreich ist.

Interessenorganisationen wie Umweltverbände, Automobilklubs, Parteien, Gewerkschaften, Vereine oder Bürgerbewegungen betreiben ganz selbstverständlich interne Öffentlichkeitsarbeit: Sie halten Kontakt zu ihren Mitgliedern, führen Befragungen durch, geben Mitgliederzeitschriften heraus, pflegen Internetseiten oder richten Mitgliederforen ein. Schließlich existieren diese Verbände aufgrund ihrer und vor allem für ihre Mitglieder. Interne Öffentlichkeitsarbeit ist damit ein tragender Pfeiler ihrer Existenz.

Viele Betriebsräte hingegen sind weniger ambitioniert auf diesem Gebiet. Zwei mögliche Ursachen sind naheliegend: 1. Betriebsräte sind zwar auch Interessenvertretungen, aber eben keine Verbände, denen sich Mitglieder aus freier Entscheidung anschließen bzw. austreten können. Fehlende interne Öffentlichkeitsarbeit bedroht also nicht die Existenz des Gremiums (sondern allenfalls sehr langfristig das Mandat der einzelnen Mitglieder). 2. Betriebsratsmitglieder starten zunächst als Laien ins Amt und erlernen das nötige Handwerkszeug erst nach und nach – teilweise ausschließlich ‚on the job', teilweise ergänzt durch Schulungen. Die Schulungsbranche, ob nun gewerkschaftlich oder privat organisiert, fokussiert sich stark auf juristische Grundlagenseminare. Wie die Beziehung zur Belegschaft gestaltet wird, ist nur am Rande ein Thema.

Interne Öffentlichkeitsarbeit ist kein Selbstzweck, sondern hat eine Schlüsselposition inne. Denn erstens erfüllt sie Partizipationsbedürfnisse. Zweitens schlägt Öffentlichkeitsarbeit eine Brücke zwischen Betriebsrat und Belegschaft und kann deswegen Distanzen verkürzen, die sich aus anderen Gründen aufgebaut haben.

Abschnitt 6.1 untersucht die Ursachen von Verdrossenheit, die aus mangelnder Information und Kommunikation resultieren. Die Begriffe ‚Information' und ‚Kommunikation' sind je nach Perspektive (ob nun systemtheoretisch, handlungstheoretisch, informationstheoretisch usw.) unterschiedlich, teilweise gegensätzlich definiert. Im Folgenden meint ‚Information' den einseitigen Informationsfluss vonseiten des Betriebsrats zur Belegschaft. Der Kommunikationsbegriff hingegen meint einen wechselseitigen Informationsfluss.

In Abschnitt 6.2 werden dann die gemeinsamen Muster, denen diese Gründe folgen, analysiert – mit folgendem Ergebnis: Beschäftigte reagieren verdrossen, wenn ihre Bedürfnisse nach Partizipation an betrieblicher Mitbestimmung durch betriebliche Mitbestimmer missachtet werden.

6.1 Ursachen von Unzufriedenheit: Inkompatible Ansprüche an Informationsverhalten

Dieser Abschnitt gliedert sich in zwei Schwerpunkte. Zuerst geht es um mangelhafte Informationsarbeit und ihre direkten sowie indirekten Folgen (Abschnitt 6.1.1). Im zweiten Teil (Abschnitt 6.1.2) wird fehlende Kommunikation zwischen Betriebsrat und Belegschaft als Grund von Unzufriedenheit behandelt.

6.1.1 Wenn Betriebsräte zu wenig informieren

Die Bedeutung von Informationsarbeit

In einem Internetforum, in dem sich Beschäftigte der Sicherheitsbranche austauschen, wurde per elektronischer Umfragefunktion abgefragt, wie zufrieden die Forenmitglieder mit ihrem jeweiligen Betriebsrat seien. Ein Benutzer resümiert das vorläufige Ergebnis (das öffentlich nicht einsehbar ist):

> „Wenn ich mir die Umfrage so Anschaue und diese bereinige bleibt nur noch eine sehr schlechtes Zeugnis, für die BRs übrig." (Forum_2007_C)

Ein anderer Teilnehmer erklärt sich das Ergebnis wie folgt:

> „Ich selber habe auch weniger zufrieden angekreuzt (...). Nur dann wenn die MA sehen das ein BR auch positive Dinge vorantreiben kann wird er auch Positiv bewertet." (Forum_2007_D)

Was der Autor des Beitrags hier mit dem Wort „sehen" ausdrückt, entspricht der Funktion interner Öffentlichkeitsarbeit durch Betriebsräte. Nämlich: Mitbestimmung *sichtbar* zu machen, damit die Beschäftigten *sehen,* ‚wozu der Betriebsrat eigentlich gut ist'.

In einer anderen Diskussion werfen Beschäftigte ihrem Betriebsrat vor, eine Tarifänderung protestlos hingenommen zu haben. Ein Betriebsratsmitglied des betroffenen Unternehmens widerspricht im Forum: Mitglieder seines Gremiums hätten an allen Kundgebungen und Versammlungen zu dem Thema teilgenommen und ihren Unmut eingebracht. Darauf antwortet ein Forenteilnehmer:

> „Ich glaube es ja nicht, von mir aus könnt ihr 24 std. lang auf jeder Kundgebung und Versammlung sein, dass spielt doch keine Rolle, wenn ich diese Informationen nicht mit der Belegschaft teile." (Forum_2010_B)

Hier hat der Betriebsrat über seinen Widerstand gegen die Tarifänderung nicht informiert und dadurch trotzdem eine Nachricht an die Belegschaft gesendet: nämlich, dass er mit der Änderung einverstanden sei. Das berühmte erste Axiom der verhaltenspsychologisch orientierten Palo-Alto-Schule besagt: „Man kann nicht *nicht* kommunizieren" (Watzlawick/Beavin/Jackson 1972: 51). Arbeitende haben immer eine Vorstellung bzw. ein Bild von ihrem Betriebsrat vor Augen. Das verselbstständigt sich, wenn der Betriebsrat sich nicht gezielt selbst darstellt bzw. schweigt. Nachdem das Bild über die Diskussion im Internetforum gerade gerückt ist, zeigt sich der Autor des Forenbeitrags noch immer unzufrieden. Denn der Widerstand gegen die Tarifänderung spiele nur dann eine Rolle, wenn die Belegschaft *vorher* darüber informiert sei. Dahinter steckt eine Frage der Legitimation: Betriebsräte handeln stellvertretend für ihre Belegschaft, was Legitimation erfordert. Nun kann aber nicht vor jeder Handlung eine Vollmacht aller Beschäftigten eingeholt werden. Niedrigste legitimatorische Instanz ist Information, auf die die Vertretenen reagieren können. Die Handlung eines Stellvertreters, die im Wissen des Vertretenen stattfindet, hat eine höhere Legitimation als die Handlung eines Stellvertreters, die zwar mit Blankovollmacht, aber ohne Wissen des Vertretenen stattfindet. Solche Beschäftigte, die in der Betriebsratswahl keine Blankovollmacht sehen, erwarten deswegen Informationen, die ihnen Gelegenheit zur Reaktion geben. Ein solcher Informationsfluss scheint Betriebsräten gelegentlich schwerzufallen:

Auf einer Betriebsversammlung wird ein Gremium dafür kritisiert, die Belegschaft nicht regelmäßig zu informieren. Das Betriebsratsmitglied verteidigt sich: Es sei unmöglich für ihn, alle Mitarbeiter regelmäßig zu informieren, weil das Unternehmen dezentral aufgestellt sei und die Beschäftigten deswegen über viele Standorte verstreut seien. Darauf reagiert ein Teilnehmer der Betriebsversammlung anschließend in einem Internetforum:

> „Wenn man als BR die Kollegen vertreten will und noch nicht einmal in der Lage ist diese mit Informationen zu versorgen, sollte man ernsthaft überlegen ob man für die Aufgabe geeignet ist." (Forum_2008_A)

Der Autor dieses Forenbeitrags erklärt Informationskompetenz zur Voraussetzung von Interessenvertretung. Weil Legitimität nicht auf Dauer gesichert ist, sind Entscheidungsträger „auf Dauer – und nicht nur vor Wahlen – darauf angewiesen (...) ihr Handeln darzustellen, (...) zu vermitteln, (...) zu rechtfertigen und (...) über Entscheidungen beziehungsweise Nichtentscheidungen zu informieren“ (Sarcinelli/ Teschner 1998: 303f., die sich aber auf politische Entscheidungsträger beziehen).

Dass dieser existenziell wichtige Informationsfluss in der Praxis nicht selbstverständlich ist, geht aus allen in diesem Kapitel zitierten Forenbeiträgen hervor. Zwei Fälle regelrechter Informationsverweigerung sollen im Folgenden vorgestellt werden:

> „ich habe da mal wieder so eine Frage die mir nicht mal die ver.di vernünftig beantworten kann (!) Und zwar geht es um folgendes; wir gehören zu einem Konzern. Nun ist es so, dass wir gemeinsam mit einem anderen BR einen sog. KonzernBR gegründet haben. Meine Frage ist, ob die Geschäftsführung (...), uns als BR einen Strick draus drehen kann, dass wir die Belegschaft über die Gründung des KBRs [Anm.: Konzernbetriebsrat] noch nicht informiert haben.“ (Forum_2009_C)

Grund der Informationsverweigerung ist offenbar nicht mangelnde Erkenntnis, dass über die Gründung eines Konzernbetriebsrats informiert werden solle. Die Information der Belegschaft ist entweder nicht gewollt, oder es fehlt eine Stelle im Gremium, die sich dafür zuständig sieht.

In eine ähnliche Richtung geht die folgende Frage eines Betriebsratsmitglieds, das sich vor seiner Belegschaft offenbar verstecken will:

> „Nach der Wahl muss der neue Betriebsrat am Aushang bekannt gegeben werden, das ist klar. Aber muss für die gesamte Amtszeit am Aushang auch dauerhaft ersichtlich sein, wer Betriebsrat ist oder reicht eine einmalige Bekanntgabe?“ (Forum_2008_B)

Auch wenn es sich bei diesen Sequenzen um Ausnahmefälle handeln mag, so zeigen sie doch, dass selbst rudimentäre Informationsarbeit nicht selbstverständlich vorausgesetzt werden kann. „Erbhof“ (Greifenstein/Kißler 2010: 144) der Mitbestimmungsforschung ist die Metallindustrie und noch heute, der Tertiarisierung zum Trotz, wird überwiegend in der gewerblichen Wirtschaft geforscht (vgl. ebd.). Mitbestimmungsstrukturen sind in diesen Branchen tief verwurzelt und Betriebsräte organisatorisch meist gut aufgestellt. Der bisher recht einseitige Fokus führt dazu, dass solche Zustände, wie sie die zwei zuletzt zitierten Forenbeiträge widerspiegeln, in der Forschung nicht thematisiert werden. Dieser Ausflug in die ‚Tiefen‘ der betriebsrätlichen Informationsarbeit hilft, die nun folgende Analyse besser einordnen zu können.

Reaktive Betriebsräte

In Kapitel 5 wurde bereits die Überwachungsfunktion von Betriebsräten als Grund von Unzufriedenheit problematisiert. In diesem Abschnitt wird gezeigt, dass die Überwachungsfunktion mit mangelnder Information einhergehen kann, was die Distanz zum Betriebsrat und damit die Verdrossenheit potenziert.

> „Das Problem sprengt den Rahmen, aber ich will mal anfangen zu schildern. Die 5 Betriebsratmitglieder fungieren nur als Kontrollorgan (das Gesetze eingehalten werden) ohne die Belegschaft (78 MA) zu informieren." (Forum_2007_E)

Der Autor dieses Forenbeitrags charakterisiert seinen Betriebsrat nicht als Anwalt (von dem persönliche Hilfe zu erwarten wäre) oder als Richter (von dem Gerechtigkeit zu erwarten wäre), sondern als „Kontrollorgan" – also als bürokratisch handelndes, steif uniformiert wirkendes, triezendes, eher lästiges Konstrukt. Er bringt mangelnde Information in einen direkten Zusammenhang mit der Überwachungsfunktion. In einem Forum erzählt ein Beschäftigter, dass sein Betriebsrat ihm das Rauchen im eigenen, von ihm alleine benutzten Büro verbieten wolle. Ein anderer Teilnehmer fragt:

> „Hat sich jemand beschwert, oder spielt der Betriebsrat mal wieder Betriebspolizei?" (Forum_2012_B)

„Kontrollorgane" (Forum_2007_E) oder Polizisten (Forum_2012_A)gestalten keine Regeln, rechtfertigen nicht und informieren nicht. Sie nutzen ihre qua Amt verliehene Macht, um bestehende Regeln durchzusetzen. Sie treten also ‚im Namen des Gesetzes' auf, nicht im Namen einer zu vertretenden Gruppe.

> „Das Problem der Betriebsräte ist, dass Sie vergessen haben was Sie sind. Nämlich unsere gewählten Vertreter die unsere Interessen vertreten und unsere Rechte verteidigen. Für uns Betriebsvereinbarungen aushandeln mit denen wir Wähler leben können. Mich interessiert was mein von mir gewählter Betriebsrat so gerade macht. Aber das erfahre ich nie." (Forum_2010_C)

Dieser Forenschreiber will kein solches „Kontrollorgan", sondern einen „Vertreter" – und möchte darüber informiert sein, was dieser (auch) in seinem Namen macht. Betriebsräte, die sich nicht als Vertreter, sondern als Kontrollorgane begreifen, sehen keine Notwendigkeit zu informieren oder es fehlt ihnen ein Gespür dafür, informationswürdige Themen zu entdecken:

> „Als ich beim BR deshalb schon nachgefragt habe [warum keine Betriebsversammlungen stattfinden] bekamm ich ja prompt die Antwort das die Arbeitnehmer kein Interesse haben an einer Betriebsversammlung oder Abteilungsversammlung teil zu nehmen. (...) Auf meine Frage warum wir nichts erfahren was los ist, das liegt daran weil es für uns nicht zu informieren gibt." (Forum_2008_C)

Ordnet man diese Sequenz im zweidimensionalen Modell, ergibt sich folgendes Bild: Der Forenschreiber ist ein unzufriedener Beschäftigter, der offensiv Kontakt zum Betriebsrat sucht, um seine Kritik an mangelnder Informationsarbeit auszudrücken. Es besteht ein Anfangsverdacht, dass distanziertere Beschäftigte ebenso ein Informationsdefizit spüren, dies aber nicht kritisieren. Der Betriebsrat bestätigt diesen Verdacht tatsächlich („dass die Arbeitnehmer kein Interesse haben") und zieht daraus die Konsequenz, keine Versammlungen durchzuführen. Erkennbar wird ein sich selbst verstärkender Kreislauf: Die Belegschaft ist distanziert, hat keine oder negative Erwartungen gegenüber dem Betriebsrat, ist gleichgültig und verdrossen und deswegen desinteressiert an Versammlungen. Als Reaktion geht der Betriebsrat ebenfalls auf Distanz, versucht gar nicht erst, eine Brücke zu schlagen, Interesse und positive Erwartungen zu wecken, was die Distanz nur weiter vergrößert. Oder anders formuliert: Auf Verdrossenheit und Gleichgültigkeit vonseiten der Belegschaft reagiert der Betriebsrat hier selbst verdrossen.

Dass Betriebsräte zu wenig Informationsbedarf sehen, um die gesetzlich vorgeschriebene Anzahl von vier Betriebsversammlungen pro Jahr zu füllen, ist ein verbreitetes Phänomen. Ein Betriebsrat fragt in einem juristischen Internetforum, ob es wirklich notwendig sei, vier Versammlungen pro Jahr durchzuführen:

> „Kann man nicht nur 2 mal im jahr eine machen??? denn bei der letzten versammlung wurden alle themen angesprochen , und da bis jetzt nicht mehr viel neues dazu gekommen ist , denke ich mir , ist es eine reine zeitverschwendung und natürlich auch mit kosten verbunden , für 10 min da man eh nichts neues wirklich berichten kann , eine neue versammlung einzuberufen." (Forum_2007_F)

Keinen Mitteilungsbedarf gegenüber der Belegschaft zu haben, ist für solche Betriebsräte symptomatisch, die in einer rein reaktiven Rolle verharren. Sie warten stillschweigend auf personelle Einzelmaßnahmen und ignorieren ihre Initiativrechte. Von diesen reaktiven Betriebsräten lassen sich aktive Betriebsräte unterscheiden. Aktive Gremien gestalten initiativ die Arbeitsbedingungen, wodurch (sozusagen ‚automatisch') Mitteilungsbedarf entsteht. Interne Öffentlichkeitsarbeit ist also auch ein Gradmesser für die Aktivität des Gremiums. Je aktiver es ist, desto höher ist die Frequenz von solchen Impulsen, die Interesse und Erwartungen wecken, die Nähe herstellen und zu Kritik oder Zustimmung anregen – also Beschäftigte aus den Bereichen der Verdrossenheit und Gleichgültigkeit in die Bereiche von Kritik und Zufriedenheit heben.

Ein Beschäftigter beschwert sich in einem Internetforum über die reaktive Haltung seines Betriebsrats und hängt ein Informationsschreiben des Gremiums an, aus dem hier zitiert wird:

> „Abs. 2 statuiert trotz missverständlichen Wortlauts keine Pflicht zur Betriebsratswahl. Beck'sche Kurzkommentare Band 51 gibt dem BR auch die Freiheit, sich für oder gegen eine Wahl zu entscheiden. Da der §13 Abs. 2.1 in diesem Kommentar als ‚Kann Bedingung' ausgelegt wird, hat sich der BR entschlossen, eine Wahl nicht durchzuführen. Zu beachten ist der Aufwand, der hinter einer Neuwahl steht." (Forum_2011_E)

Das Betriebsratsgremium hat zu viel oder zu wenig Mitglieder, weil sich die Anzahl der Mitarbeiter im Unternehmen stark verändert hat. Trotzdem plant der Betriebsrat keine Neuwahlen und sieht sich durch Rechtsexperten darin bestätigt. Soweit die ‚Übersetzung'. Der Autor des Forenbeitrags bemerkt dazu:

> „Anstatt Probleme zu lösen oder den Kollegen offen ins Auge zu sehen, schreibt er [der Betriebsrat] nun lustige Aushänge im allerfeinsten Juristen Deutsch. (...) Jungs, genießt noch die verbleibende Zeit in süßer Untätigkeit im komfortablen BR Büro. Und dann zurück ins Glied und ab an die Arbeit." (Forum_2011_E)

Hier werden zwei Vorwürfe formuliert. 1. Der Betriebsrat sei abgehoben von der Belegschaft. Während alle anderen Kollegen vermutlich körperliche Arbeit verrichten, würde der Betriebsrat untätig sein. Der Autor stellt ein qualitatives Gefälle zwischen der „Arbeit" „im Glied" und der „Untätigkeit" im „Büro" her. Die Distanz ist also einerseits eine Statusfrage. 2. Die Formulierung „offen ins Auge sehen" steht dafür, ehrlich zu sein, sich nicht zu schämen, kein schlechtes Gewissen zu haben, nicht distanziert zu sein. Solche Motive vermutet der Forenschreiber hinter dem verklausulierten Aushang seines Betriebsrats. Dass komplizierte Formulierungen etwas verbergen wollen, ist eine Vermutung, die in vielen Forenbeiträgen geäußert wird. Die folgende Sequenz bringt das auf den Punkt:

> „Also Kollegen um ehrlich zu sein. das was der Hinkelmann in der Betriebsversammlung über Foveruka erzählt hat habe ich bei allem Respekt nicht verstanden...und viele anderen Kollegen aus dem Angestelltenbereich ebenfalls. was wird hier gespielt?" (Forum_2010_D)

Weil er der Rede des Betriebsratsvorsitzenden nicht folgen konnte, vermutet der Autor des Beitrags ein ‚falsches Spiel', dem er misstraut. Daraufhin fordert eine Kollegin aus demselben Unternehmen mehr Transparenz durch klare Sprache:

> „Meine Rede mehr Transparenz seitens der BR. Und keine umschrieben, verkomplizierten Aussagen und Vereinbarung. Einfache und verständliche Gesetze und Vereinbarungen und Reden, damit jeder alles versteht und nachverfolgen kann." (Forum_2010_E)

Die Arbeit des Betriebsrats „nachverfolgen" zu können ist ein Bedürfnis solcher Beschäftigten, die die Vertretung durch den Betriebsrat nicht ‚über sich ergehen lassen', sondern sich beteiligen wollen. Unverständliche Informationen sind dann ebenso Grund von Unzufriedenheit wie fehlende Informationen. Allerdings scheint sich Unverständlichkeit noch negativer auf die Beziehung zwischen Betriebsrat und Belegschaft auszuwirken. Denn: Aus fehlender Information entwickelt sich Distanz, unverständliche Information schafft Distanz hingegen aktiv.

Warum formulieren Betriebsräte kompliziert? (1) Die wenigsten Betriebsräte haben einen Beruf erlernt, der auf publikumsgerechtes Schreiben vorbereitet. In ihrem Amt kommen sie häufig erstmals in die Situation, Texte zu schreiben oder Reden vorzubereiten, die sich an ein breites Publikum richten. Auch Schulungen, die auf das Betriebsratsamt vorbereiten, haben sehr selten zielgruppenorientiertes Schreiben zum Thema. Im Gegenteil: Diese Schulungen können Auslöser dafür sein, dass neu gewählte Betriebsräte in juristische Skripte verfallen. (2) Betriebsräte wollen ‚auf Augenhöhe' mit der Geschäftsleitung kommunizieren und passen sich den dort herrschenden Schreibgewohnheiten an. Das Problem: Briefe oder Aushänge der Geschäftsleitung genießen oberste Priorität. Sie müssen gelesen werden, egal wie schlecht sie formuliert sind und wie viel Mühe es macht. Informationen des Betriebsrats hingegen können meist ohne direkte Konsequenz ignoriert werden. Insofern haben es Betriebsräte deutlich schwerer. Ihre Texte oder Reden müssen zum Lesen oder Zuhören anregen, während sich Arbeitgeber nicht unbedingt die Mühe machen müssen, verständlich zu formulieren. (3) Hinter verklausulierten Texten mit zahlreichen Fachwörtern steckt nicht selten „Imponiergehabe" (Wolf Schneider, meistgelesener Stillehrer der deutschen Sprache, vgl. u.a. Schneider/Murschetz 2001). Man möchte zeigen, dass man sich ‚gewählt' ausdrücken kann – wobei ‚gewählt' in diesen Fällen eben nicht zielgruppengerecht bedeutet. Es kann verheerende Folgen für die Beziehung zur Belegschaft haben, wenn Betriebsräte in ihren Texten oder Reden die Nachrichtengewohnheiten ihrer Belegschaft missachten. Sie dokumentieren damit förmlich ihre Distanz zur Basis und zementieren so vorhandene Verdrossenheit.

Folgen mangelhafter Informationsarbeit

Mangelhafte Informationsarbeit kann ein Halb- bzw. Unwissen gegenüber dem Betriebsrat zur Folge haben, das dann mittelbar Unzufriedenheit auslöst. In einem Internetforum diskutieren die Teilnehmer darüber, welche Geschenke sie zu Weihnachten bekommen haben:

> „hab von meinem bruder h&m-gutscheine bekommen, von meiner mama unterwäsche und von meinem papa seine digitalkamera. meine oma (...) von meinem freund krieg ich (...) und von seinem bruder + freundin krieg ich (...) von seinen eltern (...).in der arbeit hab ich auch vorige woche einiges bekommen. vom betriebsrat (oder so) einen kleinen reisekoffer." (Forum_2003_A)[1]

Sehr detailliert zählt die Forenschreiberin ihre Geschenke auf. In der Aufzählung nennt sie das Präsent, das sie am Arbeitsplatz erhalten hat, in einem Atemzug

1 Betriebsräte sind nicht vermögensfähig (vgl. Edenfeld 2005: 95). Insofern können sie keine Geschenke an die Belegschaft machen. Es ist aber gängige Praxis, dass der Arbeitgeber Weihnachtspräsente macht und diese gemeinsam mit dem Betriebsrat überreicht. Die konkrete Konstellation spielt für die Interpretation der Sequenz aber keine Rolle.

mit den Geschenken ihrer Familienmitglieder. Offenbar scheint ihr diese Geste (Weihnachtsgeschenk am Arbeitsplatz) etwas zu bedeuten. Aus Sicht ihres Betriebsrats höchst problematisch ist das in Klammern gesetzte „Betriebsrat (oder so)“. Offenbar hat sie kein konkretes Bild ihres Betriebsrats vor Augen, sodass sie ihn nicht von anderen Stellen im Unternehmen unterscheiden kann. Solche Probleme kommen häufiger vor und sind meist darauf zurückzuführen, dass sich die Außendarstellungen des Betriebsrats und der Geschäftsleitung stark ähneln. So werden zum Beispiel Aushänge oder Einladungen zu Betriebsversammlungen häufig auf Unternehmensbriefpapier gedruckt – allenfalls ergänzt durch einen kleinen ‚Betriebsrat'-Schriftzug unter dem Firmenlogo. Ein unter Medizinern verbreitetes Sprichwort lautet: ‚Hörst Du Hufgeklapper in Helsinki, vermute zuerst Pferde, nicht Zebras.' Ebenso verhält es sich mit dem Auftritt des Betriebsrats. Zwischen einer Rezeption als Interessenvertretung bzw. als Teil der Personalabteilung liegt bei uninformierten Beschäftigten nur ein schmaler Grat. Dies zeigen die folgenden Fälle:

Eine erkrankte Arbeitnehmerin erfährt, dass ihr Betriebsrat mit ihr sprechen will. Erschrocken wendet sie sich an ein Internetforum:

> „was gibs für einen grund, dass der betriebsrat anruft? Soooooooorry aber ich bin gerad total durch den wind hab eben schöön geschlafen (bin krankgeschrieben wg. einer verletzung) als mein handy geklingelt hat. mein freund hat mir gesagt, dass auf seiner nr. (hab diese als notfallnr. angegeben) mein betriebsrat angerufen hat... die hätten es bei mir wohl auch versucht, aber bin nicht rangegangen. (ups, handy war heute vormittag aus) uhhhhhhhhhh jetzt rufen die gleich an und ich hab sooooowas von keinen plan wieso der BETRIEBSRAT mich anrufen sollte... mensch was hab ich ne panik gerade.“ (Forum_2010_F)

Eine Beschäftigte verfällt in Panik, weil ihr eigener Betriebsrat, ihre Interessenvertretung, anruft. Das ist ein klares Zeichen für hohe Distanz aufgrund mangelhafter Informationsarbeit. Die Angerufene scheint die Rolle des Betriebsrats[2] ihr gegenüber gar nicht zu kennen. Eine andere Forenteilnehmerin reagiert auf diesen Beitrag:

> „dass man eine krankegschriebene anruft sit durchaus üblich, aber warum wird man dann zum Vorstand gerufen?“ (Forum_2010_G)

Die Autorin des zweiten Forenbeitrags scheint die Begriffe „Betriebsrat“ und „Vorstand“ gleichzusetzen. In Ihren Augen sind beides höhere, autoritätstragende Instanzen. Dies zeigt die Bedeutung auch grundlegender Informationsarbeit durch

---

2 Eine mögliche alternative Deutung dieses Forenbeitrags wäre, dass ein klassisches ‚Stille-Post-Missverständnis' aufgetreten ist. Tatsächlich kann der ‚Betriebsarzt' angerufen haben, die Forenschreiberin hat aber ‚Betriebsrat' verstanden. Das Ergebnis der Analyse ändert sich jedoch nicht. Sie fürchtet sich vor dem Anruf ihres Betriebsrats, nur das ist hier entscheidend.

Betriebsräte. Beschäftigte, die vorher keinen Kontakt zu Betriebsräten hatten, kennen womöglich ihre Rolle und Funktion nicht. Es gibt kein Schulfach ‚Mitbestimmung'. Deswegen müssen selbst (aus der Perspektive von Betriebsräten) sehr offensichtliche Sachverhalte für Beschäftigte nicht selbstverständlich sein. So zum Beispiel die Fragen, welche Aufgaben ein Betriebsrat hat und in welchem Verhältnis er zur Belegschaft steht.

Schwellenängste gegenüber Betriebsrat

Dass Erklärungen über Funktion und Rolle des Betriebsrats nicht ausreichen müssen, zeigt der folgende Fall:

> „Leider habe ich ein kleines Mobbing-Problem auf der Arbeit. Vielleicht ist es aber auch gar keins, das weiß ich nicht so recht. Wir haben einen Betriebsrat, da könnte ich in die Sprechstunde gehen. (...) So richtig was von denen gehört oder mitbekommen habe ich noch nicht. Würdet Ihr bei solchen Problemchen zum Betriebsrat gehen?" (Forum_2010_H)

Diese Beschäftigte kennt ihren Betriebsrat, weiß, wofür er zuständig ist und wie sie ihn erreichen kann. Sie traut sich aber nicht so recht, offenbar ist die Hemmschwelle zu groß. Sie ist nicht sicher, ob ihr Problem ‚wichtig' genug ist, um damit zum Betriebsrat zu gehen. Die Autorin des Beitrags ist offensichtlich distanziert, aber nicht verdrossen. Denn: Ihre Erwartungen sind nicht negativ, sondern inkonsistent. Diese inkonsistente Erwartung ist ein Grund für ihre Schwellenangst. Oder anders formuliert: Sie ist nicht informiert darüber, was sie vom Betriebsrat erwarten kann.

In ähnlich gelagerten Fällen entsteht die Distanz durch den Eindruck, der Betriebsrat sei schweres Geschütz, zu dem man nur im äußersten Notfall greife.

> „Soll ich nun direkt zum Betriebsrat gehen oder nochmal mit meinem Chef sprechen (mit der Anmerkung, dass ich mich dazu gezwungen sehe zum Betriebsrat zu gehen)." (Forum_2012_C)

Zwischen Betriebsrat und Belegschaft können vielfältige Hürden bestehen. Eine mögliche Hürde ist der Wortbestandteil „Rat". Bei unaufgeklärten Beschäftigten kann dies Assoziationen an Titel wie Ältestenrat, Bundesrat, Militärrat hervorrufen – also an solche Gremien oder Titelträger, die von ihren jeweiligen Bezugsgruppen mit außerordentlichem Respekt behandelt werden. Ein solcher „distanzierter Respekt" (vgl. Poppitz 2009 über Respekt gegenüber Bahnkontrolleuren) kann Nähe zwischen Betriebsräten und Belegschaft erschweren.

Wenn fremdes Fehlverhalten Betriebsräten angekreidet wird

Mangelnde Informationsarbeit bezüglich der Rechte, Pflichten, Aufgaben, Vorstellungen und Programme des Betriebsrats führen zu Missverständnissen. Beschäftigte kreiden ihrem Betriebsrat dann das Fehlverhalten Dritter an, meist der Gewerkschaft (1) oder des Arbeitgebers (2).

(1) Auf der Internetseite des Hessischen Rundfunks wird über einen Streik im öffentlichen Nahverkehr berichtet. Unter dem Artikel können Leser Kommentare hinterlassen.

> „bin extra 30 Minuten früher von zuhause los zur Arbeit – mit der Folge, daß ich 30 Minuten zu früh am Arbeitsplatz war, weil alles planmäßig fuhr (...). Der Streik geht in Ordnung. – Würde mir wünschen, mein Betriebsrat wäre auch etwas kampflustiger. Wir haben im Grunde ähnliche Probleme, wie die Bahner." (Forum_2010_I)

Streiks werden ausschließlich von Gewerkschaften organisiert. Betriebsräte müssen sich hier neutral verhalten und dürfen keinesfalls zu Streiks aufrufen. Beschäftigte, die die Arbeitsteilung zwischen betrieblicher Interessenvertretung und gewerkschaftlicher Tarifpolitik nicht kennen, projizieren ihre Kritik an Gewerkschaften auch auf Betriebsräte und umgekehrt.

> „Ich persönlich halte nicht viel davon [von der Gründung eines Betriebsrats], die Gewerkschaftstanten (meistens sind es ja Frauen), sind in der Regel krawallschlagende Wichtigtuer." (Forum_2007_I/ Callcenter-Mitarbeiter)

> „Tretet alle aus Ver.di aus, kann ich nur empfehlen! (...) Schaut ein paar Jahre zurück: da fing der Niedergang von Schlecker an – der Beginn der ersten Betriebsräte." (Forum_2012_D)

Diese Forenbeiträge deuten auf ein Aufklärungsdefizit hin, das unter Umständen auch Partizipationsimpulse unterdrückt. Dies gilt dann, wenn Beschäftigte mit dem Engagement im Betriebsrat ein gewerkschaftspolitisches Statement verbinden. Umgekehrt gilt: Persönliche Abneigung gegen die Arbeitsweise des eigenen Betriebsrats kann bei mangelhafter Aufklärung zum Hindernis für eine Gewerkschaftsmitgliedschaft werden.

(2) Häufig fallen Versäumnisse oder Fehlverhalten des Arbeitgebers auf Betriebsräte zurück und schaffen so Unzufriedenheit, was durch systematische Informationsarbeit vermeidbar wäre.

> „Hallo, ich weiß nicht ob ich hier richtig bin: Leider haben wir in unserer kleinen Gruppe (12 Personen) mit einem ‚Kollegen' wirklich Schwierigkeiten. Er ist als nicht freigestelltes Mitglied im Betriebsrat. Nebenbei noch im Mietausschutz, im betrieblichen Vorschlagswesen und noch in einer Gruppe (fällt mir grad nicht ein). Dadurch fällt er sehr oft aus, (...) Er ist uns lieb und nett, aber mittlerweile wächst uns das über den Kopf. Er macht aber von seinem Recht als BR-Mitglied gebrauch und beharrt auf die Freistellung zur Sitzung. Die anderen 10 Mitglieder sind da nicht so besessen (...). [Durch häufige Abwesenheit fehlt eine Arbeitskraft

in der Abteilung] Vorletzte Woche hat sich ein Kollege den Unterarm mit 90 Grad heissem Wasser verbrüht. Aus Verzweifelung (...) hat der Kollege eine Leitung geöffnet ohne zweiten Mann, der den Druck kontinuierlich ablassen muß. Vor vier Wochen wurde eine schwere Antriebseinheit gewechselt, dafür benötigt man mind. 3 Mann. Der Kollege fehlte. DIe beiden anderen haben es alleine versucht, fast wäre das 400kg schwere Stück auf dem Schienbein eines Kollegen gefallen, (...).“ (Forum_2005_A)

Der Autor des Forenbeitrags beschreibt hier extreme Verstöße gegen Vorschriften zur Arbeitssicherheit, die auf mangelhafte Personalplanung bzw. massive Unterbesetzung zurückgehen. Schuld trägt in seinen Augen aber nicht der Arbeitgeber, sondern sein Betriebsrat. Der Autor des Artikels scheint diesen Zusammenhang ganz aufrichtig nicht zu sehen – er polemisiert nicht, sondern scheint verzweifelt. („Er ist uns lieb und nett ... wächst uns das über den Kopf“). Dass Betriebsräte zu oft an ihrem Arbeitsplatz fehlen, ist ein häufig genannter Grund von Unzufriedenheit. Betriebsräte informieren offenbar nicht oder nicht genug über die Funktion ihrer Abwesenheit. Sitzungen und Schulungen erfüllen keinen Selbstzweck, sondern werden (in aller Regel) zugunsten der Belegschaft durchgeführt. Unzufriedenheit kommt dann auf, wenn Betriebsräte es verpassen, über Sinn und Zweck der Abwesenheit zu informieren. Im oben genannten Fall kommt hinzu: Entweder weiß der Betriebsrat nichts von der massiven Überlastung in der betroffenen Arbeitsgruppe. Das wäre ein Anhaltspunkt für mangelhafte Kommunikation. Oder: Der Betriebsrat kämpft längst gegen die Überbelastung, der Autor des Forenbeitrags weiß davon aber nichts. Das wäre dann ein Anhaltspunkt für unzureichende Informationsarbeit.

Ein anderer Fall dokumentiert, wie Betriebsräte solchen Projektionen von Kritik begegnen können. Ein großes Wohnungsunternehmen hat mehrere Hundert Hausmeisterstellen abgebaut. Sie wurden durch ein Callcenter ersetzt, das Reparaturaufträge telefonisch annahm und immer neu an lokale Handwerksbetriebe ausschrieb. Die Folge: Weil Hausmeister nicht nur eine handwerkliche, sondern auch eine überwachende und soziale Funktion haben, häuften sich Nachbarschaftsstreitereien und Vandalismus. Zweitens stauten sich Tausende Reparaturaufträge an, die das Callcenter nicht schnell genug bearbeiten konnte. Die Arbeitsbelastung für die Belegschaft stieg dadurch massiv an. Beschäftigte wurden von ihren eigentlichen Aufgaben abgezogen, um im Callcenter auszuhelfen oder vor Ort die dringlichsten Schadensfälle zu regulieren. Zur Lösung des Problems plante die Konzernleitung die Gründung einer sogenannten Hausmeisterorganisation. Es sollten also wieder Hausmeister vor Ort eingestellt werden – diesmal allerdings außerhalb des Tarifvertrags. Gegenüber der Belegschaft ließ sich die Konzernleitung dafür feiern, man habe ja Fehler eingesehen und sorge nun endlich für Entlastung. Der Betriebsrat erkannte die Absichten: Zuerst wurden tariflich regulierte Stellen abgebaut und nur kurze Zeit später zu deutlich schlechteren Konditionen wieder eingegliedert. Entsprechend stemmte sich der Betriebsrat gegen die Pläne, brachte so aber die Belegschaft gegen sich auf. Es bildete sich eine regelrechte Koalition aus Belegschaft und Geschäftsleitung gegen den Betriebsrat. Die Belegschaft ging auf Distanz und war über einberufene Betriebsversammlungen nicht mehr anzusprechen. In enger Abstimmung mit den Betriebsräten der einzelnen Konzern-Gesellschaften entwickelte der Konzernbetriebsrat daraufhin eine breit angelegte Informationskampagne. Über Aushänge, Flugblätter, Zeitungen und Intranet wurde über mögliche Folgen eines tariflosen Tochterunternehmens informiert. So konnte der Betriebsrat seinen Rückhalt in der Belegschaft zurückgewinnen.

6.1.2 Wenn Betriebsräte zu wenig kommunizieren

In Abschnitt 6.1.1 ging es um die Reaktion von Beschäftigten auf mangelnde Information vonseiten ihrer Betriebsräte. Information ist der erste Schritt zur Einbeziehung der Belegschaft, zur Sicherung von Legitimität und zur Lösung offener und verdeckter Kritik. Folgt darauf aber nicht der zweite Schritt (nämlich Kommunikation), führt dies in die Verdrossenheit.

Wenn späte Einbindung bevormundet

Nur informierte Beschäftigte können sich an Kommunikation mit ihrem Betriebsrat überhaupt beteiligen. Allerdings eignet sich nicht jede Form von Information als Katalysator für Kommunikation:

> „Wie kann man einen BR absetzen? (...) unter welchen Bedingungen ist so etwas möglich? Was muss man dabei beachten und vor allem, wie setzt man solche ein Schriftstück auf? (...) Wir bekommen keine Informationen vom BR, nicht einmal aushänge werden über den momentanen Stand der Verhandlungen gemacht. Wir werden erst informiert sobald alles unter Sack und Pack ist." (Forum_2005_B)

Der Beschäftigte beschreibt hier, unabhängig davon, dass er das Wort „Information" benutzt, ein Kommunikationsdefizit. Er kritisiert nicht, dass der Betriebsrat nicht informieren würde, sondern den Zeitpunkt und die Art der Information: Sein Betriebsrat informiert nur über Ergebnisse. Ergebnisse aber sind ‚Schnee von gestern', sie bieten Beschäftigten keine Chance zur Beteiligung, was die Legitimation der Ergebnisse schwächt.

> „Noch etwas: Momentan ist der BR in Verhandlungen mit der Geschäftsführung. (...) Wann muss der BR die Mitarbeiter informieren? Haben wir nicht ein Recht darauf, informiert zu werden? Oder werden wir vor vollendeten Tatsachen gestellt und müssen dann mehr oder weniger mit den Entscheidungen leben?" (Forum_2008_D)

Späte Information raubt Partizipationschancen und fördert somit das Gegenteil dessen, was Betriebsräte anstreben: Bevormundung statt Beteiligung. „Vor vollendete Tatsachen gestellt“ (ebd.) zu werden um dann damit „leben“ zu „müssen“ – dafür bedürfe es keines Betriebsrats:

> „Es ist doch nicht im Sinne der Arbeiter, die unwissend die Spielsteine der BR und Geschäftsleitung sind. Oder würde euch gefallen, wenn ich für euch entscheiden würde du wohnst jetzt da, kaufst dir dieses Auto, machst hier Urlaub, an den Tagen machst du krank, du bekommst 3 Monate nur Brot zu essen, danach vielleicht ein paar Monate mit Käse. Und das alles ohne euer Wissen.“ (Forum_2011_F)

Entscheiden Betriebsräte über die Köpfe der Belegschaft hinweg, so gewinnt die Arbeitnehmerseite aus einer rationalen Perspektive betrachtet trotzdem. Denn ganz ohne Mitsprache eines Betriebsrats wäre das im Forenzitat angesprochene „Auto“ wohl etwas kleiner, der „Urlaub“ etwas kürzer und die „Brot“-Diät noch etwas länger. Der in einem patriarchalischen Sinne über seine ‚Zöglinge‘ herrschende Betriebsrat fragt zwar nicht, mag aber trotzdem gute Absichten hegen. Trotzdem verfehlt ein solcher Betriebsrat aus Sicht solcher Beschäftigten, die einbezogen werden wollen, seine Funktion und löst Unzufriedenheit aus. In Bezug auf ihren Betriebsrat haben die Autoren der hier zitierten Forenbeiträge keine ‚besser als gar nicht‘-Einstellung. Wenigstens informiert zu werden scheint nicht attraktiver zu sein, als gar nicht beachtet zu werden; wenigstens ausschließlich über die Wahl repräsentativen Einfluss entfalten zu können scheint nicht besser zu sein, als gar keine Chance zur Partizipation zu haben:

> „man braucht keinen Betriebsrat wenn er meint er müsse alles alleine entscheiden Man braucht dann auch keine Versammlungen mehr ein zu Berufen wo der BR irgendwas was er mal wieder aus gehandelt hat verkündet.“ (Forum_2007_G)

Diese Beschäftigte fühlt sich durch die Alleingänge ihres Betriebsrats bevormundet und stellt damit auch den Sinn von Betriebsversammlungen infrage. In § 43 Abs. 1 BetrVG heißt es: „Der Betriebsrat hat einmal in jedem Kalendervierteljahr eine Betriebsversammlung einzuberufen und in ihr einen Tätigkeitsbericht zu erstatten.“ Diese Formulierung ist eine Ursache der mangelnden Öffentlichkeitsarbeit mancher Betriebsräte: Sie beschränken sich darauf, die Belegschaft zusammenzurufen und einen Tätigkeitsbericht zu verlesen. Schaut man sich Mitgliederversammlungen in Vereinen, Aktionärsversammlungen in Konzernen oder Parteitage an, wird die Funktion von Versammlungen schnell klar: Der Tätigkeitsbericht ist dort nur einer von vielen Tagesordnungspunkten und nimmt verhältnismäßig wenig Zeit in Anspruch. In erster Linie wird diskutiert, gestritten, abgestimmt und die nahe Zukunft geplant. Versammlungen sind in erster Linie Kommunikationsmedien, die aber als solche genutzt werden müssen.

Bewusste Bevormundung

Die bisher in diesem Abschnitt vorgestellten Fälle behandelten ausbleibende oder mangelnde Kommunikation gegenüber der kollektiven Belegschaft. Andere Fälle, von denen einer exemplarisch vorgestellt werden soll, beschreiben unmittelbare Bevormundung einzelner Beschäftigter.

> „Hab ein Problem mit meinem Betriebsrat. Vor ca.3 Monaten habe ich eine Fahrgemeinschaft bei unserer Geschäftsleitung beantragt (...) welcher auch durch die GL genehmigt wurde. Nun erfolgte eine Ablehnung durch den Betriebsrat. Habe den Betriebsrat nun um eine Begründung gebeten welche aber nicht erfolgte. (...) welche Möglichkeit gibt es gegen den BR die Anerkennung der Fahrgemeinschaft durchzusetzen? (Forum_2007_H)

Der Autor dieses Forenbeitrags war nach Ablehnung seines Antrags zwar unzufrieden, hatte aber noch positive Erwartungen und hat sich deswegen mit seiner Unzufriedenheit direkt an den Betriebsrat gewendet – als Kritiker. Weil dieser nicht reagiert hat, ist seine positive Erwartung in negative Erwartung umgeschlagen. Er ist weit auf Distanz gegangen und sucht nun nicht mehr nach einer kommunikativen Lösung, sondern will seinen Antrag „durchsetzen“. Was war passiert? In Schichtbetrieben kann vereinbart werden, dass solche Beschäftigte, die in Fahrgemeinschaft anreisen, nach Möglichkeit stets dieselben Schichten bekommen. Dies muss bei der Geschäftsleitung bzw. Personalabteilung beantragt werden, damit diese prüfen kann, ob sich die gemeinsamen Schichten im Dienstplan einrichten lassen. Im hier beschriebenen Fall hat die Geschäftsleitung die Fahrgemeinschaft genehmigt. Insofern ist es nun Aufgabe des Betriebsrats, die betroffene Fahrgemeinschaft darin zu unterstützen, ihr genehmigtes Privileg durchzusetzen. Offenbar hat der Betriebsrat hier festgestellt, dass die Fahrgemeinschaft nicht eingerichtet werden kann, ohne vorher zugesicherte Privilegien anderer Beschäftigter zu unterlaufen: Die Geschäftsleitung hat also mit der Genehmigung der weiteren Fahrgemeinschaft einen Fehler gemacht. Aufgabe des Betriebsrats wäre es nun, die betroffene Fahrgemeinschaft darin zu unterstützen, ihr bereits genehmigtes und zugesagtes Privileg durchzusetzen – ohne dass andere Beschäftigte benachteiligt werden. Die Geschäftsleitung müsste also neu disponieren oder aber im Zweifel die Genehmigung unter Einhaltung eventueller Fristen und/oder Entschädigungen zurückziehen. Aus Sicht der betroffenen Fahrgemeinschaft wäre so die Geschäftsleitung die Stelle, die falsche Versprechen abgibt bzw. gegebene Genehmigungen widerruft.

Dass sich der Beschäftigte tatsächlich aber durch den Betriebsrat bevormundet fühlt, kann zwei Ursachen haben:

1. Die Geschäftsleitung hat offenbar die undankbare Aufgabe, Anträge von Beschäftigten entgegenzunehmen und gegebenenfalls abzulehnen an den

Betriebsrat delegiert. Und dieser hat sich darauf eingelassen. Die Macht, über Anträge entscheiden zu können, schafft eine Hierarchie und damit eine Distanz zwischen Betriebsrat und Belegschaft, die Verdrossenheit wahrscheinlicher macht.
2. Der Betriebsrat hat es verpasst, das Gespräch mit der betroffenen Fahrgemeinschaft zu suchen. Nur so hätte der Fehler der Geschäftsleitung transparent gemacht werden können. Da er sich dem aber verweigert hat, trägt er nun den Makel davon.

Das zeigt: Auf denselben Fall kann, je nach kommunikativem Rahmen und Verhalten des Betriebsrats, Verdrossenheit oder aber Dankbarkeit (für die Unterstützung im Kampf gegen unfaire Entscheidungen der Geschäftsleitung) folgen. Warum ist der Betriebsrat hier in diese Kommunikationsfalle getappt? Möglicherweise handelt es sich um einen geschickten Schachzug der Geschäftsleitung. Sie kann stets Anträge genehmigen, mit dem Wissen, dass im Zweifel der Betriebsrat einschreitet und dann gegenüber dem Antragssteller als Ablehner dasteht. Eine (sicherlich mutige) These wäre, dass mancher Betriebsrat einen gewissen Stolz empfindet, von der Geschäftsleitung Herrschaftsaufgaben übertragen zu bekommen. Womöglich ist es zunächst ein Distinktionsgewinn, die Macht zu bekommen, über Anträge entscheiden zu können. Dass es dann schwerfällt, diese Macht abzugeben, zeigt auch der folgende Foreneintrag eines Betriebsratsmitglieds:

> „Hallo, ich bin BR-Vorsitzender (...). Da (...) immer wieder Überlastungsanzeigen vorliegen ist eine BV [Betriebsvereinbarung] Arbeitszeit in Planung. Nun hat der AG (...) Mitarbeiter eines Einrichtungsteils für einen Arbeitskreis bestimmt (...). Nun wurde dem BR bekannt, dass der Geschäftsführer die vom Arbeitskreis ausgearbeitete Fassung der Belegschaft dieses Einrichtungsteils vorlegen will und evtl. auch darüber abstimmen lassen will. ich meine dies ist rechtlich nicht zulässig, da er die Mitbestimmung des BRs aushelbelt. Wie seht ihr das? haben wir Unterlassungsanspruch?“ (Forum_2012_E)

Anstatt über die Köpfe der Belegschaft hinweg eine Arbeitszeitlösung zu entwickeln, ist der Arbeitgeber in einen Dialog mit den betroffenen Beschäftigten getreten und hat sie darüber hinaus um einen Lösungsvorschlag gebeten. Wie reagiert der Betriebsrat? Er fragt nach einem rechtlichen Unterlassungsanspruch. Nicht nur, dass sich die betroffenen Beschäftigten dadurch bevormundet fühlen – der Betriebsrat eröffnet damit eine Front zwischen sich und einer Allianz aus Belegschaft und Geschäftsführung. Denn hier ist es das Management, das dem Bedürfnis nach Partizipation nachkommt. Klar ist, dass der Arbeitgeber den Betriebsrat in den Dialog hätte einbeziehen müssen, was hier offenbar nicht passiert ist.

Wie unverblümt Betriebsräte Bevormundung zum Ausdruck bringen können, berichtet der Autor des folgenden Forenbeitrags. Er wollte mit seinem Betriebsrat über Verhandlungen sprechen, die ihn direkt betreffen:

> „Darauf angesprochen bekam ich letztens von zwei unterschiedlichen BRäten die Antwort ‚das geht dich nichts an.'"(Forum_2004_A)

Der Beschäftigte hatte offenbar positive Erwartungen an das Gespräch mit dem Betriebsrat und hat den persönlichen Kontakt gesucht. Seine Erwartungen wurden aber enttäuscht. „Das geht dich nichts an"[3] hat, ausgesprochen vom eigenen Betriebsrat, mehrere Bedeutungsebenen: Der Empfänger fühlt sich entmündigt. Seine Meinung/Einstellung/Ratschläge sind in einer Sache, die ihn betrifft, nicht gefragt. Das ist gleichzeitig ein Anschlag auf seine grundlegenden Anerkennungsbedürfnisse: Ihm werden seine Rechte als Betriebsbürger abgesprochen und es wird unterstellt, dass er nicht in der Lage sei, einen Beitrag in die Verhandlung einzubringen. Gleichzeitig unterdrückt die Aussage Partizipationsbedürfnisse, denn sie impliziert auch ein ‚misch dich nicht ein'. Und es werden künstliche Herrschaftsverhältnisse geschaffen. Denn was den einen nichts angeht, geht ‚über ihm stehende Personen' sehr wohl etwas an.

Eine mögliche Erklärung für diese Situation wäre: Der Betriebsrat wollte aus strategischen Gründen nicht über laufende Verhandlungen sprechen, womöglich aus Sorge, dies könnte der Geschäftsleitung in die Hände spielen. Hätte er diese Strategie mit dem Beschäftigten besprochen, wäre dieser zwar nicht inhaltlich, aber sehr wohl in das Verfahren eingebunden worden.

In anderen Fällen werden Betriebsräte gegen den ausdrücklichen Willen von Beschäftigten tätig. Ein Beispiel: In einem Sicherheitsunternehmen werden die Schichtübergabezeiten nicht entlohnt. Das heißt konkret: Für eine Schicht wird stets nur ein Beschäftigter bezahlt, obwohl in den Minuten der Übergabe zwei Mitarbeiter vor Ort sind. Im Gegenzug genießen die Beschäftigten liberale Pausenregelungen. Der Betriebsrat fühlt sich dennoch zuständig und schreitet ein. Daraufhin beschwert sich ein Kollege:

> „Das heißt, der Betriebsrat wird aus purem Aktionismus, um sich wichtig zu machen und seine Daseinsberechtigung zu beweisen, tätig, obwohl das seine Wähler (die von ihm vertretenen Beschäftigten) gar nicht wollen. Ist der Betriebsrat Gott, dass er allwissend und allmächtig über die Geschicke seiner dummen Schäfchen entscheidet, auch wenn diese das nicht für nötig halten? Das erinnert mich fatal an unsere Politiker." (Forum_2010_J)

---

3 Hier zitiert der Beschäftige seinen Betriebsrat nicht, sondern paraphrasiert ihn lediglich. Ob die Formulierung tatsächlich so gefallen ist, spielt für die Analyse des Beitrags aber eine untergeordnete Rolle. Fakt ist, dass der Autor des Forenbeitrags diesen Satz als Resümee der Gespräche verinnerlicht hat.

Womöglich handelt der Betriebsrat hier nur deswegen so, weil er zusätzliche Informationen besitzt, die den Vorgang mittelfristig erklären (so könnten die ausgleichenden Privilegien in Gefahr sein). Das spielt aber für die Beziehung zur Belegschaft keine Rolle, solange darüber nicht kommuniziert wird.

Entscheidet ein Betriebsrat über die Köpfe der Belegschaft hinweg, ohne sie einzubinden, schafft er künstliche Herrschaftsverhältnisse. Über Botschaften wie „das geht dich nichts an“ entzieht er seiner Belegschaft sogar ein bereits gesprochenes Wort – dann lässt er seine eigenen Wähler „als dumme Schäfchen“ und sich selbst als „allwissender“ und „allmächtiger“ „Gott“ erscheinen. Eine so hohe Distanz verstärkt Gleichgültigkeit oder muss bei Unzufriedenheit in die Verdrossenheit führen.

Kontaktverlust zur Basis

Wie sensibel Beschäftigte auf Betriebsräte reagieren, die Distanz aufbauen, zeigen die folgenden Sequenzen:

> „Ich möchte mich bei den 4-Betriebräten der Alternativen bedanken die jetzt öfters in den AGB Bereich gekommen sind (...)! Desweiteren höre ich ‚dass sie auch in anderen Bereichen schon gewesen! Sie fordern die Kollegen auf mit ihren Problemen sie anzusprechen!“ (Forum_2012_F)

Dieser Beschäftigte dankt Betriebsräten einer bestimmten Liste für eine vermeintliche Selbstverständlichkeit: Sie machen Rundgänge und fordern Beschäftigte zum Gespräch auf. Dass dieser Umstand für den Autor des Beitrags überhaupt erwähnenswert ist, zeigt: Diese Art von Basisnähe ist für ihn nicht selbstverständlich. Ein nicht zu unterschätzendes Detail in diesem Beitrag ist das ausdrückliche Lob für die aktive Ansprache („Sie fordern die Kollegen auf ...“). Während es vielen Betriebsräten selbstverständlich erscheint, jederzeit (zum Beispiel im Betriebsratsbüro) für ihre Kollegen ansprechbar zu sein, begreifen Beschäftigte diesen Umstand nicht unbedingt als Kommunikationsangebot. Selbst konkret eingerichtete Sprechstunden (die der Betriebsrat des oben zitierten Forenschreibers seit jeher anbietet) ersetzen nicht zwangsläufig die direkte, persönliche Aufforderung zum Gespräch. [4]

> „(...) wie wollen mich Leute vertreten, die nicht mal die Probleme kennen, mit denen ich jeden Tag zu kämpfen habe! Vorschlag meinerseits arbeitet mal ein Tag am Band, dann will ich sehen, wie ihr denkt.“ (Forum_2010_K)

---

4 Bei dem hier zitierten Beitrag ist nicht auszuschließen, dass der Forenautor verdeckte Wahlwerbung für die von ihm angesprochene Alternative Liste betreibt. Dass aktive Ansprache (z.B. in Form von Rundgängen) nicht selbstverständlich ist, aber von Beschäftigten erwartet wird, belegen jedoch zahlreiche weitere Beiträge. Auch im Interview bestätigten zwei Betriebsratsvorsitzende, nicht aktiv auf Beschäftigte zuzugehen, dafür aber jederzeit ansprechbar zu sein.

Eine viel diskutierte Ursache für den Kontaktverlust ist die Freistellung. Ab einer bestimmten Gremiengröße haben Betriebsräte das Recht, einzelne Mitglieder komplett von der eigentlichen Arbeit freizustellen. Diese Mitglieder sind dann im Grunde hauptberufliche Betriebsräte.

> „Hauptsache im BR, Kuendigungsschutz geniessen und tausend Ausschuesse bilden, damit man nicht mehr arbeiten muss. Bei uns an der Basis waren die doch schon lange nicht mehr." (Forum_2006_E)

> „Wundert Dich das? Sind aber oben im C Gebäude auch schnukelige Büros mit Blick über den Hof. Ausserdem Kaffee und Kakao für lau... Was will man mehr? Fürchte um die Kollgen geht es da nicht mehr..." (Forum_2008_E)

Gerade wenn die Bürotätigkeit als freigestellter Betriebsrat komfortabler erscheint als der vorher ausgeführte Beruf, steht schnell der Verdacht im Raum, das Betriebsratsmitglied sei in die Freistellung geflüchtet. Der Autor des zweiten Beitrags bringt die Distanz auch geografisch zum Ausdruck: „oben im C Gebäude". Es wird deutlich: Auch vermeintliche Kleinigkeiten wie die Lage des Betriebsratsbüros können einen Beitrag zur Frage von Distanz und Nähe leisten.

Ein weiterer Grund für möglichen Kontaktverlust zur Basis ist die besondere Stellung des Betriebsrats außerhalb aller Weisungsbefugnisse. Freigestellte Betriebsräte entscheiden selbst über ihre tägliche Arbeit. Sie haben keinen Vorgesetzten, auch nicht innerhalb des Gremiums. Nicht-freigestellte Betriebsräte entscheiden frei[5], wann und wie viel Zeit sie benötigen, um ihrer Betriebsratsarbeit nachzugehen. Hat die Belegschaft dann das Gefühl, dass sich Betriebsratsmitglieder in ihren Büros verschanzen, entsteht schnell Misstrauen. In der ersten Gruppendiskussion erklärte ein Betriebsratsvorsitzender (Gruppe1_Olaf) dazu: Obwohl er als freigestellter Betriebsrat seit zwölf Jahren nicht mehr in der Produktion arbeite, trage er weiterhin jeden Tag Arbeitskleidung (Blaumann) und Sicherheitsschuhe. Außerdem gehe er jeden Feierabend mit seinen Kollegen duschen. Würde er damit aufhören, würde er innerhalb kurzer Zeit den Anschluss an seine Kollegen verlieren. Dieser Betriebsratsvorsitzende achtet penibel darauf, seine Beziehung zum Kollegenkreis aufgrund des Amtes und der Freistellung nicht zu verändern. Sein Medium der internen Öffentlichkeitsarbeit ist (unter anderem) der Austausch unter der Dusche. So schafft er Nähe, die die Wahrscheinlichkeit von Verdrossenheit und Gleichgültigkeit senkt.

Neue Arbeitsumstände verändern einen Menschen. Freigestellte Betriebsräte stehen plötzlich nicht mehr in der Werkshalle, sondern haben ein eigenes Büro, womöglich inklusive Sekretariat. Unter Umständen werden sie von hohen Unternehmensvertretern hofiert, die sie vorher nicht einmal gekannt haben. Sie be-

5 Nur ein Arbeitsgericht kann über die Notwendigkeit der jeweiligen Freistellung entscheiden, nicht der Arbeitgeber.

suchen qualitativ hochwertige Seminare in solchen Hotels in attraktiven Urlaubsorten, die sie sich aus dem eigenen Einkommen vielleicht nicht geleistet hätten usw. Dazu sagt ein Beschäftigter:

> „Man darf, anstatt zu arbeiten, ewig lange Sitzungen durchleben und herumhängen. Meine meisten Betriebsräte, die ich erleben durfte, hatten dieses Funktionärsgehabe sehr schnell verinnerlicht. Leider." (Forum_2009_D)

Gerade im produzierenden Gewerbe wechseln Betriebsräte in eine Tätigkeit, die ‚Unsichtbares produziert'. Während das Betriebsratsmitglied in einer „ewig langen Sitzung" sitzt, haben seine Kollegen eine bestimmbare Menge sichtbarer und anfassbarer Produkte hergestellt. In ihren Augen hat das Betriebsratsmitglied dann „rumgehangen", weil es nichts Sichtbares produziert hat. Umso wichtiger ist es für solche Betriebsräte, den Nutzen, den sie alltäglich für Kolleginnen und Kollegen stiften, angemessen zu kommunizieren – nicht etwa aus Gründen reiner Selbstpräsentation, sondern um die Legitimation in der Belegschaft zu wahren und Unzufriedenheit zu verhindern.

Wenn Betriebsräte intransparent sind

„Das mit dem BR ist für viele von uns buch mit 7 siegeln," schreibt eine Altenpflegerin (Forum_2008_F) in einem Internetforum. In dieser Formulierung ist der erste Teil („das mit dem BR") besonders aussagekräftig. Das „Das" bleibt unbestimmt, was das diffuse Bild über die eigene Interessenvertretung ausdrückt. Intransparenten Betriebsräten wird in zahlreichen Forenbeiträgen bewusste Abschottung vorgeworfen:

> „aber anscheinend läuft irgend etwas schief, denn fast jedem mitarbeiter grault es, wenn er betriebsrat hört. es können doch nur die, die in der vergangenheit das sagen hatten was falsch gemacht und den begriff ‚Betriebsrat' so in den dreck gezogen haben (...) man muß denen auf die finger gucken können. wenn alles mit rechten dingen zu geht, dürften die ja nichts dagegen haben. es sei denn... gefälligkeiten sind mehr wert als menschenwürde, dann ist das verständlich mit dem ‚hinter geschlossenen türen besprechen'. mehr tranzparens bitte." (Forum_2010_L)

Betriebsräte, die keinen transparenten Einblick in ihre Arbeit gewähren, machen sich in den Augen dieses Forenschreibers verdächtig, sie hätten etwas zu verbergen. Darum fordert er Transparenz. Für Unzufriedenheit sorgt dann allein der Verdacht, konkrete Anhaltspunkte für Fehlverhalten sind nicht notwendig. Dies zeigt der folgende Beitrag:

> „Und die geeignete Stelle [um die Betriebsvereinbarung auszulegen] ist das Betriebsratsbüro??? (...) Und warum liegt sie dort? Weil nicht jeder gleich Einsicht haben soll. Eben völlige Kontrolle." (Forum_2009_E)

Betriebsvereinbarungen müssen für alle Beschäftigten einsehbar sein. In diesem Fall hat sich der Betriebsrat offenbar dafür entschieden, die Vereinbarungen in seinem Büro auszulegen. Der Autor des Beitrags wittert hinter dieser Lösung eine Verschwörung – der Betriebsrat wolle den Zugang zu Betriebsvereinbarungen kontrollieren, nicht jeder solle Einsicht haben. Zahlreiche Betriebsräte hinterlegen Vereinbarungen, Tarifverträge usw. zur Einsicht in ihrem Büro, aus ganz pragmatischen Gründen: Zum Beispiel wollen sie am ‚Schwarzen Brett' Platz sparen, um dort aktuellere und interessantere Informationen aushängen zu können; oder sie möchten verhindern, dass Kunden oder Lieferanten die Vereinbarungen einsehen. Nach ihrem Verständnis bieten sie trotzdem allen Kolleginnen und Kollegen freien Zugang, weil sie keine Eintrittshürde zum Betriebsratsbüro sehen. Wie in den vorigen Kapiteln immer wieder deutlich wurde, gibt es aber durchaus Schwellenängste gegenüber Betriebsratsbüros. Wer Betriebsvereinbarungen einsehen möchte, offenbart damit ein (wie auch immer geartetes) Problem und könnte deswegen den Wunsch haben, dies möglichst diskret zu erledigen. Solche Betriebsräte, die die Vereinbarungen in ihrem Büro hinterlegen, setzen Vertrauen zur Belegschaft voraus, das sie vielleicht nicht bei allen Beschäftigten genießen.

> „Die Transparenz, wie in verschiedenen Unternehmen auch der Fall, ist ein grosses Problem im Bezug MA und BR. Wenn dieser seine eigene Suppe kocht und dem MA bei verschiedenen Themen nicht das Gefühl gibt, daran beteiligt zu werden oder zumindest ‚auf dem Laufenden gehalten' zu werden, geht das Vertrauen in den BR absolut verloren und wird dann von den MA dann gesehen: ‚Ich habe für 4 Jahre meine Ruhe und kann nicht gekündigt weden !!!' (...) Klar ist, wenn ein BR eingerichtet wird, dass dieser Partnerschaftlich mit allen Parteien kommuniziert. Es bringt nichts, wenn der BR den MA vor vollendete Tatsachen stellt, so in Etwa: ‚Das mit der Übergabezeit haben wir so beschlossen und auch, was die Bekleidung angeht, sind wir uns mit der GL einig !!' Wenn das, wie Cujo schon erwähnt hat, nicht der Wille der Belegschaft ist, platzt irgendwann die Bombe. Und dass sollte hier auf keinen Fall passieren." (Forum_2010_M)

Der Autor des Forenbeitrags verknüpft das Problem mangelnder Transparenz unmittelbar mit dem Problem mangelnder Kommunikationsarbeit. Das ist nicht selbstverständlich. Gerichtsverfahren oder Parlamentsdebatten würde man auch dann als transparent ansehen, wenn niemand auf den Besucherrängen Platz nehmen würde. Dort reicht die Tatsache, dass es zugängliche Besucherränge gibt. So attestieren sich Betriebsräte häufig Transparenz, weil sie jederzeit ansprechbar seien, oder ihre ‚Tür immer offen stehe'. Mit demselben Argument werden dann auch konkrete Sprechstunden abgeschafft oder gar nicht erst eingerichtet, weil Beschäftigte jederzeit einfach vorbeikommen könnten. Sie schreiben der Belegschaft also, was Transparenz angeht, eine Holschuld zu. Dieses Thema wurde auch in den Interviews mit Betriebsräten, die im Rahmen dieser Studie geführt wurden, thematisiert:

Person 2: „Unsere Tür steht immer offen. Schon immer. Bei uns kann jeder kommen. Von montags bis freitags, von halb acht bis 16 Uhr. Und wenn es gewünscht, auch nach 16 Uhr Kontakt mit uns aufnehmen."

Interviewer: „Und wie häufig wird das genutzt?"

Person 2: „Ach (Pause) also manchmal. Aber zu selten. Wenn wir Tag der offenen Tür machen, dann kommen welche. Aber sonst selten. Aber Du siehst ja, da ist Bedarf." (Int_Mode)

Person 2 ist stellvertretende Betriebsratsvorsitzende in der Zentrale eines großen Modeunternehmens und vertritt vor Ort über 1.000 Beschäftigte. Sie klagt, dass die Beschäftigten sich zu selten an den Betriebsrat wenden, obwohl sie Bedarf sieht. Die Interviewte nennt eine mögliche Lösung: Es reicht für einen Betriebsrat offenbar nicht, die Türe offen stehen zu lassen. Er muss darüber aktiv informieren (z.B. „Tag der offenen Tür"), um die Belegschaft zu ‚locken'.

Transparenz als Lösung

Dass es sich als Betriebsrat lohnt, aktiv für Transparenz zu sorgen, zeigt der folgende Forenbeitrag:

> „Ich hatte heute ein Gespräch mit unseren BR. Wir haben 2 Stunden uns aus und besprochen. Ich habe nun auch mitbekommen das es nicht gerade leicht für den BR ist. Erstens: Wenn informationen an uns raus gegeben werden (bei 400 Objeckte und 2300 MA kann nicht jeder einzelne ein Schreiben bekommen[6]) wird leider oft diese Informationen nicht weitergeleitet (eigene Koll. die nichts mit den BR oder Verdi zu tun haben möchten sorgen dafür das soetwas verschwindet). Zum anderen sind viele Koll. nicht interesiert wenn Versammlungen sind und kommen erst gar nicht. (...). Auch probl. die sich ergeben haben und von seitens des BR nicht weiter verfolgt wurden sind geklärt da falsche Inf. Übermittelt wurden. Ich bin mit dem Gespräch sehr zufrieden, habe einblicke bekommen die ich nicht kannte." (Forum_2008_G)

Der Autor dieses Forenbeitrags hat in einem Internetforum immer wieder massive Unzufriedenheit mit seinem Betriebsrat zum Ausdruck gebracht. Trotz hoher Unzufriedenheit hat er sich aber eine positive Erwartung bewahrt und seine Kritik in einem persönlichen Gespräch mit dem Betriebsrat geäußert. Nachdem er darin erstmals „Einblicke bekommen" hat, wirbt er bei seinen Kollegen plötzlich sogar um Verständnis für das Gremium. Verantwortlich für seinen Sinneswandel ist transparente, ehrliche, ihn als Person ernst nehmende Kommunikation. Der Betriebsrat hat die Ursachen des mangelhaften Informationsflusses (Grund für

6 Rechtlich und auch strategisch wäre das durchaus denkbar und wird auch von anderen Gremien so gehandhabt (besonders kostengünstig zum Beispiel über Informationsschreiben als Beilage zur Gehaltsabrechnung).

Unzufriedenheit des Forenautors) nur dargelegt, nicht einmal Verbesserung zugesagt. Das hat offenbar schon gereicht. Dies zeigt: Der Autor des Beitrags erwartet von seinem Betriebsrat nicht in erster Linie professionelle Abläufe oder Fehlerfreiheit, sondern transparente Kommunikationsarbeit.

6.2 Ursachen von Verdrossenheit: Missachtung von Beteiligungswünschen

Die bereits in Kapitel 5.2 beschriebene Tendenz vieler Unternehmen, Arbeit durch Subjektivierung zu rationalisieren, eröffnet Beschäftigten vorher nicht gekannte Freiheiten und Mitspracherechte, was die konkrete Arbeitsausführung betrifft. Steuerung über Zielvorgaben schafft Selbstbestimmungsspielräume und beteiligt Beschäftigte an unternehmerischen Entscheidungen. Über die Beteiligungsofferten (oder auch Beteiligungszwänge) werden Beschäftigte zu Subjekten mit eigenem Entscheidungsspielraum. Das bedingt, dass sie tief gehend (auch über ihren eigenen Arbeitsplatz hinaus) informiert sind und Gesamtzusammenhänge verstehen müssen.

Im Rahmen betrieblicher Mitbestimmung durch Betriebsräte sind Beschäftigte jedoch „Objekte, fast nie Subjekte des innerbetrieblichen Politikprozesses“ (Schmidt/Trinczek 1999: 111). Aufrufe zur direkten Beteiligung gehen „heute zumeist auf Initiativen des Managements“ (Müller-Jentsch 2009: 175) zurück, Betriebsräte begreifen erst langsam, dass „direkte Partizipation einem starken Interesse der Arbeitnehmer entspricht“ (ebd.). Wenn Beschäftigte unzufrieden darüber sind (horizontale Achse im zweidimensionalen Modell; vgl. Kap. 4), dass sie vom Betriebsrat nicht informiert werden und dass der Betriebsrat mit ihnen nicht kommuniziert, so ist das Ausdruck eines Bedürfnisses nach direkter Partizipation an Vorgängen betrieblicher Mitbestimmung. Es reicht dieser Gruppe von Beschäftigten nicht, nur über Betriebsratswahlen eingebunden zu werden, sondern sie wollen auch an inhaltlichen Entscheidungen des Gremiums beteiligt sein.

Der Betriebsrat ist ein „repräsentatives Organ“ (Müller-Jentsch 2009: 174). Beschäftigte können Einfluss auf seine Entscheidungen nur über Exit- oder Voice-Optionen nehmen (vgl. ebd.: 175). Die Exit-Option aber ist auf Distanzierung beschränkt, die daraus folgende Verdrossenheit entspricht dem Gegenteil von Beteiligung. Die Voice-Option hingegen entspricht der Kritik im zweidimensionalen Modell. Kritik ist die Chance für Beschäftigte, sich aktiv an den Entscheidungsprozessen des Betriebsrats zu beteiligen. Wenn das nicht funktioniert, wählen sie die Exit-Option, gehen auf Distanz und werden gegenüber dem Betriebsrat verdrossen.

7. ‚Achtet mein Bedürfnis nach Anerkennung!' – Übergeordnete Ursache von Betriebsräte-Verdrossenheit. Ein empirisches Fazit

In Kapitel 5 und 6 wurden anhand von Forenbeiträgen vielfältige Gründe skizziert, warum Beschäftigte unzufrieden (also kritisch oder verdrossen) mit ihren Betriebsräten sind.

Gemeinsame Lesart der geäußerten Unzufriedenheiten im fünften Kapitel ist: ‚Mischt euch nicht ein, ich kann das selbst!' In dieser Haltung verbirgt sich eine grundlegende Distanz zum Betriebsrat. Diese Beschäftigten bewegen sich im zweidimensionalen Modell also im unteren Bereich, müssen aber nicht unbedingt verdrossen sein. Verdrossenheit tritt erst ein, wenn ihr Bedürfnis nach Selbstbestimmung vom Betriebsrat missachtet wird. Das ist dann die Ursache dieser Form von Verdrossenheit.

Gemeinsame Lesart der im sechsten Kapitel geäußerten Unzufriedenheit ist: ‚Bezieht mich endlich mit ein!' In dieser Haltung verbirgt sich ein grundlegendes Interesse am Betriebsrat, diese Beschäftigten suchen also Nähe zum Gremium. Sie bewegen sich grundsätzlich im oberen Bereich des zweidimensionalen Modells. Verdrossenheit tritt bei ihnen dann ein, wenn ihr Bedürfnis nach Beteiligung missachtet wird.

Trotz diametraler Ursachen gibt es eine übergeordnete Lesart, die die Lesarten der Kapitel fünf und sechs gemein haben. Sie lautet: ‚Achtet meine Anerkennungsbedürfnisse.' Die Missachtung so grundlegender Bedürfnisse wie derer nach Selbstbestimmung oder Teilhabe ist ein Anerkennungsproblem. Das heißt hier: Übergeordnete Ursache von Verdrossenheit ist die Missachtung von Anerkennungsbedürfnissen.

In diesem siebten Kapitel soll dieses Ergebnis der Arbeit ausgeführt werden. Dazu wird zunächst ein Analyseraster vorgestellt, das Anerkennungsbedürfnisse von Beschäftigten, Anerkennungsangebote von Unternehmen und Anerkennungsstrategien von Betriebsräten systematisiert (Abschnitt 7.1). So können Inkompatibilitäten sichtbar gemacht werden. In Abschnitt 7.2 werden dann Forenbeiträge analysiert, in denen die gemeinsame Lesart ‚Achtet meine Anerkennungsbedürfnisse' besonders plastisch sichtbar sind. Abschnitt 7.2.1 konzentriert sich auf Beiträge, in denen das Bedürfnis nach Anerkennung auf dem Bedürfnis nach Selbstbestimmung beruht. Abschnitt 7.2.2 hingegen beschäftigt sich mit Beiträgen, in denen sich das Bedürfnis nach Anerkennung auf das Bedürfnis nach Beteiligung bezieht.

7.1 Anerkennung in der Beziehung zwischen Betriebsrat und Belegschaft

In der Industrie- und Arbeitssoziologie werden Anerkennung und Interesse meist als alternative Konzepte betrachtet (vgl. für eine Gegenüberstellung verschiedener Autoren Voswinkel 2011: Abschnitt 1 und 2). Beobachtete Phänomene ließen sich also nach dem einen oder dem anderen Konzept erklären. Speziell die Mitbestimmungsforschung orientiert sich am Interessenkonzept, was vor dem Hintergrund „der Selbstbeschreibung der Gewerkschaften als *Interessen*organisation und der Bedeutung betrieblicher *Interessenvertretung*" (ebd.: 46, Herv. i. O.) ein naheliegender Ansatz ist.

Die in Kapitel 5 und 6 erarbeiteten Lesarten zeigen jedoch, dass gerade die Beziehung von Beschäftigten zu ihren Betriebsräten ein hochsensibler Bereich ist, dessen Analyse nicht auf das Anerkennungskonzept verzichten kann. Deswegen soll hier einem Vorschlag von Stephan Voswinkel (ebd.) gefolgt werden: er beschreibt das Interessen- und das Anerkennungskonzept als zwei unterschiedliche Perspektiven auf dieselbe Handlung.

> „Akteure verfolgen mit Interessen bestimmte pragmatische Zwecke und sie streben nicht daneben, sondern hierbei nach Anerkennung." (Ebd.: 53)

Menschen identifizieren sich mit ihren Interessen; sie empfinden sie als essenziell, „weil sie für ihr Selbstbild, ihre Identität zentral sind, welche zu verfolgen sie sich verpflichtet fühlen und für welche sie (...) Legitimität und Anerkennung einfordern" (ebd.: 51). Man kann Anerkennung und Interesse als „unterschiedliche Skripte" (ebd.: 54) verstehen, mit denen Akteure dasselbe Handeln selbst darstellen können.

In Bezug auf die Fragestellung der Arbeit gilt: Betriebsräte sind als Interessenvertreter auch Anwälte der Anerkennungsbedürfnisse ihrer Belegschaften. Sie vertreten Auszubildende; junge Beschäftigte; Menschen, die kurz vor der Rente stehen; Häuslebauer; Mütter und Väter; Gutverdiener; Geringverdiener; Arbeitnehmer mit leitenden Aufgaben und Aushilfen usw. Entsprechend vielfältig, unterschiedlich und teilweise widersprüchlich sind die Anerkennungsbedürfnisse innerhalb einer Belegschaft. Analytische Ordnung in dieses komplexe soziale Gefüge bringt ein ganzheitlicher Blick auf die Anerkennungsangebote in Unternehmen, die Anerkennungsbedürfnisse der Beschäftigten und Beschäftigtengruppen sowie die Anerkennungsstrategien, die Betriebsräte verfolgen. Deswegen wird zunächst ein gemeinsames Analyseraster vorgestellt, das Anerkennungsbedürfnisse, -angeboten und -strategien fokussiert. In Abschnitt 7.2 werden dann unterschiedliche Inkompatibilitäten zwischen den Bedürfnissen von Beschäftigten und den Strategien von Betriebsräten dargestellt, die zu Verdrossenheit führen. Kapitel 7.3 zeigt anhand einer Einzelfallanalyse, mit welcher

Strategie ein Betriebsrat eine möglichst hohe Offenheit gegenüber den Bedürfnissen seiner Belegschaft gewährleistet.

Das Analyseraster: Der ‚Fingerabdruck' der Anerkennung

Anerkennung ist ein wichtiges Motiv beruflichen Handelns und erfährt in der Soziologie wachsende Aufmerksamkeit (vgl. etwa die Arbeiten von Ursula Holtgrewe, Stephan Voswinkel und Gabriele Wagner seit ihrer Publikation im Jahr 2000). Warum jemand zu welchem Gehalt, mit welchem Engagement, in welchem Unternehmenstypus, mit welcher Einstellung gegenüber Geschäftsführung, Gewerkschaft und nicht zuletzt Betriebsrat arbeitet, berührt auch Fragen der Anerkennung. Ein ausdifferenziertes Analyseraster[1] für Anerkennungsverhältnisse hilft, die wechselseitigen Einflüsse näher zu bestimmen. Anerkennungshandlungen unterscheiden sich in drei Fragenkomplexen:

(1) *Akteure:* Wer zollt Anerkennung? Wer bekommt Anerkennung? Gibt es Beobachtende der Anerkennungshandlung?
(2) *Anerkennungsgründe:* Wofür wird Anerkennung gezollt? Konkreter: Welches Verhalten haben Empfangende von Anerkennung ‚an den Tag gelegt', was haben sie ‚abgeliefert', um Anerkennung zu bekommen?
(3) *Anerkennungsformen:* In welcher Form wird die Anerkennung gezollt? Mit welcher Geste oder welchem Objekt drückt der Anerkennungsgebende seine Anerkennung aus? Welche Bedeutung hat diese Geste oder das Objekt für Empfangende und Beobachtende?

Die Akteure

Anerkennungsgebende beeinflussen nicht nur Anerkennungsnehmende, sondern auch Beobachtende, wobei die Wirkung jeweils stark abweichen kann. Schon kleine Variationen der Anerkennungsformen oder Anerkennungsgründe können die innerbetriebliche Anerkennungskultur verändern und weitreichende Folgen für die Arbeitszufriedenheit bzw. Arbeitsunzufriedenheit innerhalb bestimmter Belegschaftsgruppen haben. Das heißt vor dem Hintergrund der Fragestellung dieser Studie: Fördern Betriebsräte die Anerkennung einer bestimmten Belegschaftsgruppe, senden sie damit Signale an die anderen Gruppen.

Zwei Typen von Anerkennungsformen

Anerkennung findet ihren Ausdruck in signifikanten Handlungen vonseiten des Anerkennungsgebenden, die vielfältige Formen annehmen können. Es lassen sich zwei Typen unterscheiden:

---

1 Dieses Analyseraster wird ausführlich entwickelt in Bredenkötter/Musiol (2012: 131ff.).

1. *Knappe Anerkennungsformen:* Dies sind zum Beispiel Boni, Provisionen, Senioritätszulagen, Sonderurlaubstage oder gut gelegene Parkplätze. Merkmal dieses Typus ist, dass sich die Anerkennungsform umverteilen lässt. Der Parkplatz mit dem kürzesten Fußweg zum Aufzug kann nur jeweils einer Person zugeteilt werden. Soll nun jemand anderes damit bedacht werden, muss der Vorbesitzer oder die Vorbesitzerin auf einen schlechteren Parkplatz wechseln. Während jemand Sonderurlaub in Anspruch nimmt, müssen Kollegen die anfallenden Arbeiten übernehmen. Ein Bonustopf ist nur 100 Prozent groß. Bekommt ein Beschäftigter/eine Abteilung 30 Prozent, bleiben nur noch 70 Prozent für andere übrig.
2. *Ausreichend verfügbare Anerkennungsformen:* Das sind zum Beispiel Ehrenurkunden, ein Handschlag des Firmeninhabers, Schulterklopfen, Glückwunschkarten usw. Sie können nicht ‚ausgehen'. Der Vorteil des einen Beschäftigten ist also nicht unmittelbar ein Nachteil des anderen.

Zwei Typen von Anerkennungsgründen

Jeder Anerkennung – ob knapp oder ausreichend verfügbar – ist eine Begründung immanent. Was war der Grund, der zur Anerkennung geführt hat? Diese Anerkennungsgründe lassen sich in zwei Gruppen unterteilen:

1. *Wettbewerbsbezogene Gründe:* Um Anerkennung zu bekommen, muss ein erkämpfter, sichtbarer Erfolg erbracht werden. Das heißt, dass der Erfolg auf einem von fremden Einflüssen bestimmten Feld in Konkurrenz mit Anderen erstritten wurde. Der eigene Erfolg ist abhängig vom Verhalten bzw. vom Misserfolg Dritter. Beispiele dafür sind Vertragsabschlüsse, Neukundenaqkuise oder Rankingpositionen. Ein gebundener Versicherungsvertreter kann sich im Beratungsgespräch noch so stark bemühen – wenn seine Versicherungsgesellschaft einen schlechten Ruf hat, wird er weniger erfolgreich sein als Kolleginnen oder Kollegen anderer Gesellschaften. Der Erfolg liegt also zumindest teilweise außerhalb seines Einflussbereichs. Ein weiteres Merkmal: Schließt eine Versicherungsvertreterin mit einem Kunden eine Versicherung ab, ist dieser Kunde (zumindest für die Laufzeit des Vertrages) vom Markt. Auch bei einem Fußballturnier nimmt der Sieger anderen Teilnehmenden die Chance, ebenfalls zu siegen. Es kann nur eine oder einer auf dem obersten Treppchen stehen. Wettbewerbsbezogene Anerkennungsgründe sind also endlich.

2. *Autonome Gründe:* Sie liegen weitgehend ohne Bezug auf äußere Einflüsse in der Person des Empfängers der Anerkennung. Bespiele: Motivation, Gespür im Umgang mit Vorgesetzten und Kollegen, Loyalität gegenüber dem Arbeitgeber, solidarisches Verhalten, Freundlichkeit gegenüber Kunden, persönliche sportliche Bestzeiten, das Erlernen einer Fremdsprache, das Erarbeiten einer Promo-

tion. Autonome Anerkennungsgründe sind theoretisch unendlich vorhanden. Bei einem Marathon hat jeder Teilnehmende die Möglichkeit, seine persönliche Bestzeit zu laufen. Wer eine Fremdsprache lernt, gräbt damit anderen Lernenden keine Ressourcen ab (im Gegensatz z.B. zu einem Goldsucher innerhalb eines bestimmten Gebiets).

Kombiniert man beide Anerkennungsformen mit beiden Anerkennungsgründen, ergeben sich vier unterschiedliche Anerkennungskonstellationen.

Abb. 8: Der ,Fingerabdruck der Anerkennung'

Eigene Darstellung

Die kompetitive Anerkennungskonstellation (1)

Wettbewerbsbezogene Anerkennungsgründe (z.B. Verkaufserfolge) werden mit knappen Anerkennungsformen (z.B. Gehaltserhöhung, Boni, Beförderung, besserer Parkplatz) belohnt.

Für die (potenziellen) Empfänger ist dies ein starker Anreiz, nach entsprechenden Erfolgen zu streben. Gleichzeitig ist die Situation permanent prekär, weil nicht abzusehen ist, ob und wann sich solche Erfolge einstellen. Aus Sicht eines Beobachtenden (der jedoch am ‚Spiel' teilnimmt) ist diese Anerkennungskonstellation eine doppelt kompetitive. Dieser konkurriert mit dem Anderen in der ‚Jagd' nach Anerkennungsgründen; zugleich sind die entsprechenden Anerkennungsformen knapp. Jede an einen Anderen gehende Anerkennung senkt die Erfolgswahrscheinlichkeit des bzw. der Beobachter im Kampf um Anerkennung und verringert gleichzeitig den Pool knapper Anerkennungsformen. Verbreitet ist kompetitive Anerkennung zum Beispiel in Form von Provisionssystemen: Empfänger sollen so zu Höchstleistungen getrieben werden. Der Preis ist – aus Sicht des Unternehmens – destruktives Konkurrenzverhalten (bis hin zur gegenseitigen Sabotage) unter Kolleginnen und Kollegen.

Die erfolgsmotivierend-hierarchisierende Anerkennungskonstellation (2)

Wettbewerbsbezogene Anerkennungsgründe (z.B. Verkaufserfolge) werden hier mit ausreichend verfügbaren Formen (z.B. ein anerkennendes Schulterklopfen des Geschäftsführers auf der Betriebsversammlung) anerkannt. Zwar herrscht ein Konkurrenzkampf um die Anerkennungsgründe – die Anerkennungsform ist aber ausreichend verfügbar. Ein ‚Schulterklopfen' wird bei nächster Gelegenheit nicht aufgebraucht sein. Ein Kartenspiel im Freundeskreis (‚um die Ehre') hierarchisiert nach Gewinnern und Verlierern. Trotzdem wird man Anfängern zunächst helfen, um allen Teilnehmenden ein möglichst gutes Spielerlebnis zu ermöglichen. Im Kasino hingegen würde man die Schwächen eines Anfängers zugunsten des eigenen Gewinns ausnutzen (was dann wiederum Streben nach kompetitiver Anerkennung wäre).

Die harmonisierende Anerkennungskonstellation (3)

Autonome Anerkennungsgründe werden hier mit ausreichend verfügbaren Anerkennungsformen belohnt. Die Wahrscheinlichkeit für Dritte, ebenfalls in den Genuss dieser Anerkennung zu kommen, wird durch die Anerkennung eines Einzelnen nicht verringert. Beispiel: Schickt der Betriebsrat eine Gratulationskarte an eine Kollegin, die gerade ein Kind bekommen hat, so beeinträchtigt dies kinderlose Mitarbeiter in keiner Weise. Weder sinkt dadurch die Wahrscheinlichkeit der Beobachter, selbst Kinder zu bekommen, noch sinkt die Wahrscheinlichkeit, selbst eine Postkarte zu erhalten.

Die fürsorgende Anerkennungskonstellation (4)

Autonome Anerkennungsgründe werden hier mit knappen Anerkennungsformen belohnt. Beispiele: Urlaubs- oder Gehaltsregelungen nach Senioritätsprinzip, Betriebskindergärten, Bevorzugung von Benachteiligten bei innerbetrieblichen Ausschreibungen. In dem Umfang, in dem solidarische und moralische Potenziale in der Arbeitswelt im Laufe der Zeit und in bestimmten Branchen schwerer mobilisierbar werden, erodiert das Verständnis für diese fürsorgende Anerkennungskonstellation. Sie erfordert nämlich Solidaritätsbereitschaft der Beobachtenden, um nicht in Neid oder Missgunst umzuschlagen. Wenn zum Beispiel die Aufgaben eines häufig erkrankten Mitarbeiters auf die Schultern seiner Kollegen umverteilt werden, kann dies zu schlechter Stimmung gegen den Erkrankten führen. Fürsorgende Anerkennung kann dann in Neid umschlagen, wenn Beobachter beim Empfänger keine Fürsorgebedürftigkeit sehen. Extrembeispiele wären Neiddebatten um Abfindungen für Manager, die trotz Misserfolgs und trotz Millionenvermögen gezahlt werden (vgl. für eine ausführliche Erläuterung aller Anerkennungskonstellationen Bredenkötter/Musiol 2012: 135ff.).

Anerkennungsangebote in Unternehmen

Die jeweilige Ausprägung der einzelnen Anerkennungskonstellationen (also ihr Verhältnis zueinander) ergibt den ‚Fingerabdruck' der Anerkennungskultur im jeweiligen Unternehmen. So würde typischerweise in einem Versicherungsvertrieb sehr viel kompetitive Anerkennung herrschen. Die anderen Anerkennungskonstellationen wären hier entsprechend geringer ausgeprägt. Typischerweise sähe der Fingerabdruck einer Verwaltung anders aus. Weil in einer Verwaltung weniger oder kaum wettbewerbsbezogene Anerkennungsgründe erreicht und somit auch kaum belohnt werden können, wäre die kompetitive Anerkennungskonstellation entsprechend gering ausgeprägt, dafür aber die harmonisierende Anerkennung stärker. Wer besonders freundlich zu Klienten und Kollegen ist, wer auch mal aufmerksam außerhalb seines Aufgabenbereichs ist und z.B. Verbesserungsvorschläge einreicht (autonome Gründe), könnte dafür mit einem Blumenstrauß belohnt oder es könnte ihm auf einer Versammlung von einem ranghohen Vorgesetzten gedankt werden (ausreichend verfügbare Formen von Anerkennung). (Vgl. für eine ausführliche und illustrierte Gegenüberstellung verschieden ausgeprägter ‚Fingerabdrücke' ebd.: 139–141.)

Anerkennungsbedürfnisse von Beschäftigten

Analog zum ‚Fingerabdruck' der Anerkennung in Organisationen, lassen sich für Beschäftigte individuelle ‚Fingerabdrücke' ihrer Anerkennungsbedürfnisse ermitteln.

Manche Beschäftigte wollen sich (in unterschiedlichen Ausprägungen) mit anderen messen, um zu erfahren, wo sie stehen, oder um ihre Überlegenheit zu demonstrieren. Sie definieren Leistung ausschließlich als Erfolg im Konkurrenzkampf mit anderen (Bedürfnis nach kompetitiver Anerkennung groß). Solche Beschäftigte räumen lebensweltlichen Facetten am Arbeitsplatz keinen Platz ein, haben also kein Verständnis dafür, dass Kolleginnen oder Kollegen für Gründe bevorzugt behandelt werden, die nicht auf dem Output ihrer Tätigkeit beruhen (Bedürfnis nach fürsorgender Anerkennung klein).

Anderen Beschäftigten wiederum sind unbefristete Arbeitsverträge und klare, langfristige Verhältnisse wichtig (Bedürfnis nach fürsorgender Anerkennung groß). Sie empfinden permanenten Druck durch Vermarktlichung als Belastung (Bedürfnis nach kompetitiver Anerkennung klein). Ist ihnen eine gute, kollegiale Arbeitsatmosphäre wichtig, so ist außerdem ihr Bedürfnis nach harmonisierender Anerkennung groß.

Anerkennungsstrategien von Betriebsräten

Betriebsräte vermitteln zwischen den Anerkennungsbedürfnissen der Belegschaft und den Anerkennungsangeboten des Unternehmens bzw. vertreten die Bedürfnisse gegen die Angebote (je nach Selbstverständnis des Gremiums). Vor dem Hintergrund der vielfältigen Anerkennungsbedürfnisse müssen sie sich für ein konsistentes Bündel von Bedürfnissen entscheiden, das sie vermitteln oder durchsetzen wollen; sie müssen also einen ‚Fingerabdruck' definieren, den sie für erstrebenswert halten. Das führt zu Unzufriedenheit bei solchen Beschäftigten, die andere Bedürfnisse haben. Im folgenden Abschnitt 7.2 werden solche Inkompatibilitäten analysiert.

7.2 Gründe für Distanzierung vom Betriebsrat: Inkompatible Anerkennungsbedürfnisse

Die Förderung der Anerkennungsbedürfnisse Anderer kann – das zeigt Abschnitt 7.2.1 – als Missachtung der eigenen Anerkennungsbedürfnisse begriffen werden. Die Frage von Achtung oder Missachtung wird dann also über den Umweg der Gerechtigkeitsfrage vermittelt. Abschnitt 7.2.2 analysiert solche Fälle, in denen Beschäftigte unabhängig von Anerkennung Dritter über Missachtung durch Betriebsräte klagen.

7.2.1 ‚Ihr missachtet meine Anerkennungsbedürfnisse – indem ihr euch einmischt!'

Eine Arbeitnehmerin berichtet in einem Internetforum über Konflikte mit ihrem Vorgesetzten. Sie will einen Betriebsrat gründen, vorher die Meinung der anderen Forennutzer einholen. Eine Teilnehmerin antwortet ihr:

> „Eine Lösung wäre, einfach einen neuen Job woanders anzunehmen. (...) Das Problem ist, dass (...) es mit Betriebsrat eine Umverteilung des Geldes von den high Performern zu den log Performern gibt. Mit Betriebrat wird es also wenigen

schlechter gehen (nämlich den guten Leuten, die viel Gehalt bekommen) und vielen anderen etwas besser (z.B. in Form höherer Abfindungen). Für die low performer könnte es also Sinn machen, einen Betriebsrat zu gründen. (...) Betriebsrat ist insgesamt eine feine Sache, z.B. damit der AG mit den AN, welche auf dem Arbeitsmarkt chancenlos sind und an ihrem Sessel kleben, nicht umspringen kann wie er will. (...) Mit den AN, die bei Interesse sofort woanders unterkommen, kann der AG sowieso nicht umspringen wie er will. Die sagen, wenn der AG nervt, einfach ‚tschüß, mache Deine Arbeit alleine'." (Forum_2010_N)

Die Autorin des Beitrags hat ein Bild von Arbeitsverhältnissen vor Augen, die auf transaktionalen Verträgen (vgl. Abs. 5.2) beruhen. Mit der abwertenden und spaltenden Wortwahl („low performer"/„high performer") hierarchisiert sie Beschäftigte in zwei Gruppen: erstens solche, die ihren Teil des transaktionalen Vertrages erfüllen, Höchstleistungen bringen und dafür materielle Anerkennung verdienen. Zweitens solche, die ihren Teil des Vertrages nicht erfüllen und ihn deswegen auflösen sollten, statt „an ihrem Sessel [zu] kleben". Betriebsräte torpedieren dieses ‚tit for tat'-Spiel (vgl. dazu Axelrod 1999: 4), indem sie durch Umverteilung die Balance aus Leistung und Gegenleistung stören. Im Vordergrund des Beitrags steht also die Lesart ‚Lass mich in Ruhe, ich kann das selber!'; die Autorin zeigt damit ihr Bedürfnis nach (und ihre Fähigkeit zur) Selbstbestimmung, in die sich keine Mitbestimmung einmischen soll. Gleichzeitig thematisiert die Autorin aber eine Frage von Gerechtigkeit („Mit Betriebsräten wird es also wenigen schlechten gehen ... und vielen etwas besser."). Aus ihrer Sicht arbeitet der Betriebsrat einseitig zugunsten der „low performer". „High performern", zu denen sie sich selbst zählt (wie aus der Wortwahl dieses Beitrags und anderen Beiträgen eindeutig hervorgeht), nimmt der Betriebsrat hingegen „Gehaltserhöhungen" (Forum_2010_N), um sie umzuverteilen. Damit untergräbt er die Anerkennungsangebote des Arbeitgebers und missachtet die Anerkennungsbedürfnisse der „high performer". Das ist die zweite, übergeordnete Lesart dieser Sequenz: ‚Achtet meine Anerkennungsbedürfnisse!'

Auch in der folgenden Sequenz teilt der Autor die Belegschaft in zwei Gruppen:

„Es glaubt doch wohl hier niemand im Ernst, dass sie [Anm.: Betriebsräte] Kündigungen verhindern können, wenn gekündigt wird. Sie sorgen höchstens dafür, dass junge Leistungsträger gehen müssen, während faule Leute, die unter Umständen länger dabei sind, da bleiben dürfen. (Forum_2005_C)

Der Autor verurteilt die Erstellung und Durchsetzung von Sozialplänen für den Fall, dass betriebsbedingte Kündigungen nötig werden. Kündigungen sollten nicht nach sozialen Kriterien, sondern nach bestimmten Leistungsmaßstäben erfolgen. Auch das ist eine Gerechtigkeits- und Anerkennungsfrage. „Junge Leistungsträger", haben nach seinem Verständnis im Krisenfall einen Anspruch auf Weiterbeschäftigung, was Betriebsräte aber verhindern würden, während sie „faulen Leuten“ den Vorzug geben würden. Eine weitere Ausdifferenzierung von Beschäftigtentypen gibt es auch in dieser Sicht auf die Arbeitswelt nicht. Der Autor versieht die eine Seite mit einem positivem („junge Leistungsträger“), die andere Seite mit einem negativ gemeintem Attribut („faule Leute“). Das ist die expressive Seite des Beitrags: Er selbst sieht sich aufseiten der „Leistungsträger“. Auch hier gilt: Ohne Betriebsrat stünde der Autor aus seiner Sicht im Krisenfall besser da (Lesart: ‚Mischt euch nicht ein, ich kann das besser!‘), weil dann seine Leistung angemessen anerkannt werden würde (‚Achtet meine Anerkennungsbedürfnisse!‘).

Gemeinsam ist beiden bisher in diesem Abschnitt zitierten Forenbeiträgen: Die selbst ernannten „Leistungsträger“ kritisieren, dass Betriebsräte ihnen konkrete Nachteile brächten, nämlich „weniger Gehalt“ und eine erhöhte Kündigungsgefahr. Die expressive Seite der Beiträge macht zusätzlich deutlich: Sie fordern Anerkennung dafür ein, von Betriebsräten eben nicht profitieren zu können (bzw. in ihrem Skript: nicht profitieren zu müssen). Sie sind also unzufrieden mit Betriebsräten und gehen auf maximale Distanz, sind demnach klar im Bereich der Verdrossenheit einzuordnen. Daraus ziehen sie Distinktionsgewinne, sie empfinden den Bereich der Verdrossenheit als ‚VIP-Lounge‘ privilegierter Leistungsträger.

In den nun folgenden Sequenzen monieren die Autoren nicht, dass *sie selbst* Nachteile, sondern dass *die anderen* Vorteile durch Betriebsräte hätten. Diese Kritik erinnert an die Empörung der ‚Arbeiter im Weinberg‘ (Bibel: Mt 19,30). Sie beschwerten sich, weil sie nur ihren vereinbarten Lohn von einem Denar bekamen, obwohl solche Arbeiter, die später angeheuert wurden und damit weniger gearbeitet hatten, ebenso ihren vereinbarten Lohn von einem Denar erhielten. Die Verhaltensweisen der Arbeiter im Weinberg und der im Folgenden zitierten unzufriedenen Beschäftigten lässt sich mit solchen sozialpsychologischen Theorien erklären, die Unterschieden in der Bezahlung oder Anerkennung mehr Bedeutung zumessen als der absoluten Höhe der Bezahlung oder Ausprägung der Anerkennung (vgl. zum Beispiel die Theorie der sozialen Identität von Henri Tajfel 1978, 1982). Demnach müssten Betriebsräte auch dann mit Kritik rechnen, wenn sie ein ‚Gießkannenprinzip‘ verfolgen, bei dem niemand absolut benachteiligt wird.

> „wenn Leistung in einem Unternehmen zählt und danach gerecht bezahlt wird, dann kann es nicht sein, dass Leistungsunwillige den Leistungswilligen ihren Willen aufzwängen und einen BR gründen.“ (Forum_2011_G)

Die Unterscheidung zweier Beschäftigtengruppen in solche, die viel leisten, und solche, die weniger leisten, ist symptomatisch für die in diesem Kapitel beschriebene Facette von Betriebsräte-Verdrossenheit. Dahinter verbirgt sich ein unter

Verdrossenen weitverbreitetes Anerkennungsbedürfnis, das sich an einer speziellen Leistungslogik orientiert: Demnach herrscht Gerechtigkeit genau dann, wenn jeder Beschäftigte entsprechend seinem messbaren Output entlohnt wird, nicht entsprechend seinem Input. Leistungsorientierung wird dann mit Erfolgsabhängigkeit gleichgesetzt, die genannten Anerkennungsformen sind stets materiell (in Form von Geld, Gehalt). Als Anerkennungsgründe werden – mal diffus, mal deutlicher – solche Leistungen genannt, die in irgendeiner Form herausgehoben sind. Diese Beschäftigten haben also ein hohes Bedürfnis nach kompetitiver Anerkennung.

> „Leider wird viel zu oft das Gießkannen-Prinzip angewendet. Geht es dem Unternehmen gut, bekommen alle was und wenn es dem Unternehmen schlecht geht, bekommt keiner was. Natürlich sind immer auch Personen dabei, die besonders stark waren und eine gesonderte Behandlung verdienen. Doch das geht oft im Alltags-Chaos unter oder wird vom Betriebsrat verhindert, da der Betriebsrat natürlich darauf achtet, dass alle Mitarbeiter ihren Anteil (Gießkanne) bekommen sollen.“ (Forum_2011_H)

Es sollen nicht alle Mitarbeiter „ihren Anteil bekommen“. Stattdessen fordert der Autor des Forenbeitrags eine Unternehmenskultur, in der Wettbewerb eine Hierarchie hervorbringt. Eine für ihn erstrebenswerte Hierarchie von „besonders starken“ und besonders schwachen Leistungen, nach der dann eine „gesonderte Behandlung“ erfolgen kann, entsteht nur, wenn man die Maßstäbe eines Konkurrenzkampfs ansetzt. Die Gerechtigkeitslogik des Konkurrenzkampfs mache Betriebsräte überflüssig, zumindest für die Gewinner bzw. die Starken:

> „Im Job komme ich als Erster und gehe als Letzter (...). Deswegen kann ich es mir leisten, direkt mit dem AG zu sprechen. Bei uns rennen nur die zum BR, die es nicht schaffen, ihre Minusstunden wegzubekommen.“ (Forum_2009_F)

Der Autor betrachtet seine Überstunden als eine Währung, mit der er sich direkten Zugang zur Geschäftsführung erkaufen („leisten“) kann. Nur wer es nicht „schafft“, diese Währung anzuhäufen, benötige einen Betriebsrat als Sprachrohr. Auch dieser Beitrag zeugt von einem ausgeprägten Bedürfnis nach kompetitiver Anerkennung. Es kann jeweils nur eine einzige Person „als Erster“ kommen und „als Letzter“ gehen (auch hier geht es also um Wettbewerb). Auch die letzten drei Sequenzen tragen die doppelte Lesart in sich: Die Autoren lehnen Betriebsräte ab, weil sie selbstbestimmt besser dastehen würden. Und genau das thematisieren sie über die Frage von Gerechtigkeit, die sich über ihr Leistungsbild definiert und das von Betriebsräten missachtet wird.

Solche Beschäftigte, die sich im innerbetrieblichen Konkurrenzkampf nach kompetitiver Anerkennung gute Chancen ausrechnen, verteidigen ihn als Anreizsystem. Betriebsräte, die in ihrer Strategie verstärkt fürsorgende Anerkennungsformen fördern wollen, würden demnach falsche Anreize setzen:

> „Kann ein BR unsinnige Forderungen aufstellen, die einem Unternehmen schaden? Speziall auch zum Thema Gehalt/Sonderleistungen. Ich gehöre zu jenen, die lieber nach Leistung als nach Gleichmacherei bezahlt werden nach dem Einheitsmotto: ‚Der Faule bekommt genauso viel wie der Engagierte.' (...) Im übrigen dürfte es bekannt sein, dass nicht gerade die Leistungsträger eines Unternehmens zur Wahl stehen. Das ist schon oftmals eine ganz bestimmte sehr gewerkschaftsnahe und -geprägte Klientel. Mich vertreten diese Leute dann nicht wirklich." (Forum_2004_B)

Dieser Autor sieht sein Anerkennungsbedürfnis nach (in seinem Sinne) leistungsgerechter Bezahlung durch den Betriebsrat verletzt. Leistungsgerechtigkeit fördere „Engagierte". Betriebsräte, die kompetitive Elemente unterbinden, wollten das genaue Gegenteil: Förderung von „Faulen" durch Gleichmacherei. Auch weil der Betriebsrat sich aus eben diesen „Faulen" rekrutiere, fühle er, der sich zu den „Engagierten" zählt, sich nicht von ihm vertreten.

Parallel zur schwarz-weißen Unterscheidung von „high performern" und „low performern" verläuft die Differenzierung von Arbeitenden nach ihrer Austauschbarkeit.

> „Fakt ist (...): Die richtig richtig guten Leute verhandeln individuell über Gehälter und Arbeitsbedingungen, und brauchen keinen BR. Die sind sofort weg oder drohen dem AG mit Weggang, wenn der AG rumspinnt. BR brauchen Leute, die austauschbar sind." (Forum_2009_G)

Wer nicht austauschbar ist, benötigt keinen Betriebsrat. Das heißt im Umkehrschluss: Wer einen Betriebsrat gründet, um Unterstützung bittet oder mit ihm sympathisiert, offenbart seine eigene Austauschbarkeit – wo doch Einzigartigkeit eine wichtige Anerkennungsquelle ist.

Wirkung der Selbstbestimmungsorientierten auf Mitbestimmungsorientierte

Betriebsratsgegner, deren Unzufriedenheit auf dem Wunsch nach Selbstbestimmung und auf Missachtung der eigenen, kompetitiven Anerkennungsbedürfnisse beruht, signalisieren ihrer Umgebung ein Bild vermeintlicher Stärke: Wer stark sei, bekomme Anerkennung im kompetitiven und hierarchisierend-motivierenden Modus, die anderen seien auf fürsorgende und harmonisierende Anerkennung angewiesen. Indem sie dieses Bild vermitteln (in Internetforen, im Rahmen geselliger Interaktion am Arbeitsplatz, durch Fernbleiben von der Betriebsversammlung), erreichen diese Beschäftigten Distinktionsgewinne. Das entspricht einem Zeitgeist, in dem solche Erfolge, die im Wettbewerb erkämpft wurden, mehr zählen, als solche, die autonom erreicht wurden. Das hat einen distanzierenden Effekt auf die Beziehung zwischen Betriebsrat und Belegschaft:

> *Alzii:* „So lange die Arbeitnehmer noch irgend welche Rechte gegenüber ihrem Arbeitgeber besitzen, so lange sollte es mE auch einen Betriebsrat geben, der ihnen hilft, diese Rechte durchzusetzen."
>
> *Moppel:* „Das ist im Grunde auch meine Meinung, nur sind wir heute noch in der Lage auch Hilfe anzunehmen? Denn wenn wir Hilfe annehmen, so geben wir doch unserer Umwelt zuverstehen das wir nicht weiterkommen." (Forum_2003_B im Gespräch mit (Forum_2003_C in _denkforum)

Es ist auch die Angst vor Missachtung vonseiten vermeintlich starker Kolleginnen und Kollegen (also der Gruppe, die in diesem Abschnitt zitiert wurde), die solche Beschäftigte, die keine kompetitiven Anerkennungsbedürfnisse haben, auf Distanz zum Betriebsrat gehen lassen kann. Das stellt Betriebsräte im Alltag vor Herausforderungen:

Der Betriebsrat eines niedersächsischen Versicherungsunternehmens wollte dem Grund für schlechtes Betriebsklima in der Unternehmenszentrale nachgehen. Alle Aufrufe, sich bei Problemen an einen Betriebsrat zu wenden oder die Sprechstunden zu nutzen, liefen ins Leere. Nachdem der Betriebsrat dann ein sogenanntes „Vorschlagswesen" installiert hatte, kam es zu einem regen Austausch mit der Belegschaft. Erst jetzt konnten sich die Beschäftigten ohne Gesichtsverlust an den Betriebsrat wenden. Der Gang zum Betriebsrat wurde nicht mehr automatisch als Hilfeersuchen gesehen. Man ging jetzt mit Vorschlägen in die Sprechstunde, nicht mehr mit Kummer. Um diese Erfahrung reicher, rief derselbe Betriebsrat ein Anti-Burn-out-Programm ins Leben, das sich speziell an leitende Beschäftigte richtete. Unter der Überschrift „Mehr Leistung durch Gesundheit" wurde es gut angenommen. Wegen dieses ‚trojanischen Mottos' konnten nun auch solche Beschäftigte, die im Sinne eines ergebnisorientierten Leistungsbegriff ‚Leistungsträger' sein wollen, Beratung in Anspruch nehmen, ohne gegenüber Kolleginnen und Kollegen als schwach zu gelten. Ein weiteres Beispiel:

Ein Betriebsrat eines regionalen Flughafens hat in seiner Belegschaft dafür geworben, sogenannte Überlastungsanzeigen bei der Geschäftsleitung einzureichen. Dies ist ein Instrument, mit dem Beschäftigte ihre Arbeitgeber auf Überlastungssituationen (zum Beispiel zu wenig Personal) aufmerksam machen können, die sie selbst oder Dritte gefährden könnten. So soll der Arbeitgeber von Engpässen erfahren, um rechtzeitig eingreifen zu können. Reagiert der Arbeitgeber hingegen nicht und es kommt zu einem Unfall, muss der anzeigende Arbeitnehmer nicht haften, da er seine Warnpflicht erfüllt hat. Weitverbreitete Bezeichnung für dieses Instrument ist der Begriff ‚Überlastungsanzeige', den auch der Betriebsrat verwendet hat, um die Kolleginnen und Kollegen auf die Möglichkeit aufmerksam zu machen. Trotz tatsächlicher Überlastung gingen nur aus dem direkten Umfeld des Betriebsrats Anzeigen ein (also von solchen Beschäftigten, die dem Betriebsrat nahe sind). Erst nachdem der Betriebsrat den Begriff ‚Überlastungsanzeige' im Rahmen einer Flugblattkampagne durch ‚Gefahrenanzeige' ersetzt hatte, folgten auch solche Beschäftigte, die dem Betriebsrat eher distanzierter gegenüberstanden. Auszug aus dem Flugblatt:

> „[Überschrift] Achtung! Baum fällt. [Text] Diese Warnung rufen Baumfäller vor dem letzten Schlag. So schützen sie ihre Kollegen und fremde Wanderer. Wie reagierst Du, wenn Du eine Gefahr am Flughafen siehst? Wie schützt Du dich, deine Kollegen und Reisende? Schreibe eine Gefahrenanzeige!" (Flugblatt-Flughafen)

Offenbar ist die Hemmschwelle niedriger, vor Gefahren zu warnen, als gegenüber dem Arbeitgeber eine Überlastung anzuzeigen und sich so als überlastet zu outen. Durch die Baumfäller-Parabel wird die Situation zusätzlich entschärft: Niemand würde einem Baumfäller deswegen Schwäche attestieren, weil er seine Umgebung warnt. Im Gegenteil: Mit Baumfällern wird im Allgemeinen ein Arbeitsbild assoziiert, das für Mut und Härte, aber eben auch Sicherheitsorientierung steht.

Die Sorge von Beschäftigten, durch Kontakt mit dem Betriebsrat Schwäche zu offenbaren, ist noch kein Ausdruck von ‚Betriebsräte-Verdrossenheit'. Umgekehrt gilt aber: Die in diesem Abschnitt vorgestellte Form der ‚Betriebsräte-Verdrossenheit', nach der die Bevorzugung von vermeintlich Schwachen abgelehnt wird, verstärkt die Hemmschwelle, sich an Betriebsräte zu wenden, und damit die Distanz zwischen Betriebsrat und Gesamtbelegschaft. Insofern ist die Missachtung kompetitiver Anerkennungsbedürfnisse doppelt ursächlich für Verdrossenheit.

Die gemeinsame Lesart der in diesem Abschnitt analysierten Sequenzen lautet: ‚Ihr missachtet meine Anerkennungsbedürfnisse – indem ihr euch einmischt.' Dieser Abschnitt hat also die Anerkennungsbedürfnisse der Beschäftigtengruppe ausgeleuchtet, deren Bedürfnisse nach Selbstbestimmung bereits in Kapitel 5 ausgearbeitet wurden. Der folgende Abschnitt hingegen betrachtet die Anerkennungsbedürfnisse der Gruppe, deren Bedürfnisse nach Partizipation in Kapitel 6 ausgearbeitet wurden. Die Lesart im folgenden Abschnitt lautet also folgerichtig:

7.2.2 ‚Ihr missachtet meine Anerkennungsbedürfnisse – indem ihr mich nicht einbezieht!'

Die in Abschnitt 7.2.1 diskutierten Ursachen von Verdrossenheit hatten eine wichtige Gemeinsamkeit: Die Inkompatibilität der Anerkennungsbedürfnisse beruhte auf einer vertikalen Abgrenzung. Die expressive Aussage der Beiträge war: Eine Gruppe, die sich ‚oben' sieht, die selbst ernannten „high performer", „Leistungsträger" und Unersetzbaren, reagieren verdrossen auf Betriebsräte, die sich für die anderen, die da ‚unten', die „low performer", die „Minderleister" und „Austauschbaren" einsetzen. Es ging um die Anerkennungsbedürfnisse der Beschäftigtengruppe, deren Wunsch nach Selbstbestimmung in Kapitel 5 ausführlich entfaltet wurde. In diesem Abschnitt 7.2.2 werden die Anerkennungsbedürfnisse der Beschäftigten analysiert, deren Wunsch nach Information und Kommunikation in Kapitel 6 behandelt wurde. Sie beklagen fehlende fürsorgende und harmonisierende Anerkennung.

Nach einer Betriebsratswahl wendet sich ein Beschäftigter per Internetforum an zwei neu gewählte Mitglieder seines Betriebsrats:

> „Metin und Muharrem.wir erwarten von euch mehr information und mehr kontakt zu uns,lasst uns nicht allein,lasst euch öfter in den hallenblicken,kümmert euch um die kollegen." (Forum_2010_O)

Dieser Beitrag kommt ohne pragmatische Botschaft aus. Die Nachricht ist: Der Autor des Beitrags erwartet mehr Fürsorge. ‚Mehr Kontakt halten'; ‚nicht alleine lassen'; ‚sich öfter blicken lassen'; ‚sich kümmern' – das sind Wünsche, die man zum Beispiel einem alleinerziehenden Elternteil in den Mund legen könnte, das vom getrennt lebenden Ex-Partner eine stärkere Bindung zum gemeinsamen Kind verlangt. Der Autor des Forenbeitrags bittet hier ganz offen um diese Zuwendung, die er in der vergangenen Legislaturperiode vermisst hat. Während er vorher aufgrund der fehlenden Fürsorge verdrossen gewesen ist (das geht aus dem Verlauf des Diskussionsstrangs hervor), keimen in ihm durch die Wahl der beiden namentlich genannten Kollegen positive Erwartungen auf.

In der soeben diskutierten Sequenz verlangt der Autor vom Betriebsrat, dieser solle sich um die Kollegen kümmern. Dieser Begriff wird von solchen Beschäftigten genutzt, die ihre Bedürfnisse nach Kommunikation und Beteiligung missachtet sehen:

> „Nach mehreren Unterhaltungen mit Kollegen zur Sitatuation des BR musste ich feststellen, dass nicht viele MA positives über den BR zu berichten hatten.Was waren die Gründe??? Nun, die MA hatten immer das Gefühl, dass sich der BR nicht ausreichend um die Belegschaft kümmert. (...) Die Transparenz, wie in verschiedenen Unternehmen auch der Fall, ist ein großes Problem im Bezug MA und BR. Wenn dieser seine eigene Suppe kocht und dem MA bei verschiedenen Themen nicht das Gefühl gibt, daran beteiligt zu werden oder zumindest ‚auf dem Laufenden gehalten' zu werden, geht das Vertrauen in den BR absolut verloren. (Forum_2010_P)

Der Begriff ‚kümmern' hat neben seiner Bedeutung im Sinne von ‚sorgen' und ‚betreuen' auch eine Bedeutung im Sinne von ‚beachten'. Ein Sprichwort lautet:

„Was kümmert es die stolze Eiche, wenn sich das Borstenvieh dran reibt?“ Es ist ihr egal, sie beachtet das Schwein nicht einmal. In einen solchen Zusammenhang bringt der Autor der soeben zitierten Sequenz das Wort „kümmern“. Die Herstellung von „Transparenz“, die Belegschaft „auf dem Laufenden halten“, sie „beteiligen“ sind Formen von Beachtung. Wer sich darum nicht kümmert, der missachtet.

Auch vermeintliche Randerscheinungen der Kommunikation zwischen Betriebsrat und Belegschaft können Anerkennungsbedürfnisse verletzen:

> „Ich habe leider schlechte Erfahrungen mit unseren BR. Wir werden nicht ernst genommen. Wenn wir eine Frage haben, müssen wir erst ein Termin beantragen.“ (Forum_2008_H)

Der Autor des Beitrags erwartet eine Kommunikationsgrundlage, die schnelle Gespräche auf Augenhöhe ermöglicht. Es ist für ihn eine Statusfrage, wer mit wem einen Termin vereinbaren muss, wer wen aufsucht und wer darüber die Deutungshoheit hat. Dass der Betriebsrat sich in der Statushierarchie über ihn stellt, ist für den Autor des Beitrags ein Hinweis darauf, nicht ernst genommen zu werden.

In zahlreichen Forenbeiträgen fordern solche Beschäftigten, die sich aufgrund mangelnder Kommunikation missachtet fühlen, dass Betriebsräte ihre Präsenz im Arbeitsalltag erhöhen sollen. Sprechstunden oder das Angebot, jederzeit ansprechbar zu sein, scheinen diese Präsenz nicht zu ersetzen.

In den folgenden Sequenzen beklagen Beschäftigte ganz unmittelbar die Missachtung ihrer Bedürfnisse nach harmonisierender Anerkennung:

> „Was mir auf den Sack geht (...) [In der Firma hat es niemand nötig] bei meinem 25 jährigen jubiläum zu gratulieren. den betriebsrat kannste voll in de tonne rauchen.saufen nur kaffee. auch nicht mal in der lage nen telefon in de hand zu nehmen.“ (Forum_2010_Q)

Der Beschäftigte fühlt sich in seinem Bedürfnis nach harmonisierender Anerkennung (für autonome Beiträge – lange Zugehörigkeit; in Form einer nicht-endlichen Geste – Anruf, Gratulation) missachtet. Sein energischer Vorwurf richtet sich explizit gegen den Betriebsrat. Das ist ein Hinweis darauf, dass er durchaus die positive Erwartung hatte, vom Betriebsrat bedacht zu werden. Mit seiner harschen Wortwahl distanziert er sich nun sehr stark, offenbar sind seine Erwartungen ins Negative umgeschlagen. Der Beschäftigte ist nun verdrossen. Ursache ist eine vermeintliche Kleinigkeit: eine verpasste Gratulation – die als Missachtung interpretiert aber schweren Schaden auslösen kann.

Die Autorin des folgenden Beitrags stellt ihren Betriebsrat grundsätzlich infrage, weil sie seine emotionale Zuwendung in einer Krisensituation vermisst:

> „Von unserem Betriebsrat hören wir nix auch rein gar nix. Kein aufmunderntes Fax, keine Betriebsbegehung infolge der Insolvenz. (...) Für was brauchen wir eigentlich so einen Betriebsrat, das fragt man sich schon." (Forum_2012_G)

Eine solche Zuwendung vermisst auch der Autor der folgenden Sequenz:

> „Ich wurde noch nie von einem BR gefragt wie es mir geht, ob ich mich wohl fühle oder es irgendwo hakt." (Forum_2010_R)

Nach Axel Honneth (1994) hat Anerkennung drei Dimensionen:

1. Liebe (in einem sehr weitgehenden, weit über das Romantische hinausgehenden Sinne, Zuwendung und Sympathie einschließend)
2. Soziale Wertschätzung
3. Rechtliche Anerkennung.

Während rechtliche Anerkennung und soziale Wertschätzung normativ eingefordert werden können, gilt dies für Anerkennung in der Dimension der Liebe nicht. Das heißt konkret: Die Forenautorin der vorletzten zitierten Sequenz (Forum_2012_G) könnte normativ darauf bestehen, dass der Betriebsrat ihre Fragen über den Stand der Insolvenz ernst nimmt und sie so gut es geht beantwortet. Sie kann jedoch nicht darauf bestehen, aufgemuntert zu werden. Dasselbe gilt für den Forenautor der zuletzt zitierten Sequenz (Forum_2010_R). Er kann durchsetzen, in der Sprechstunde angehört zu werden – nicht aber, dass der Betriebsrat von sich aus nach seinem Befinden fragt.

Weil diese Bedürfnisse nicht normativ eingefordert werden können, werden sie selten artikuliert, können aber trotzdem latent verbreitet und ihre Missachtung Ursache von Verdrossenheit sein.

Wie verhält es sich mit den anderen Sequenzen in diesem Abschnitt 7.2? In diesen wird mangelnde soziale Wertschätzung beklagt. Sie ist zwar normativ einforderbar, aber eben nicht einklagbar. Wenn Betriebsräte Terminsprechstunden vorziehen, anstatt den direkten Kontakt zur Belegschaft zu suchen, kann sie niemand dafür belangen. Wenn sie Bedürfnisse nach Selbstbestimmung missachten und über die Köpfe bestimmter Belegschaftsgruppen hinweg entscheiden, ist auch das juristisch nicht angreifbar. Aber: Je verrechtlichter die soziale Beziehung zwischen Betriebsräten und Belegschaft ist, desto schwerer wird es für Beschäftigte, ihre Bedürfnisse nach sozialer Wertschätzung einzufordern. Die folgende Sequenz ist symptomatisch für solche Betriebsräte, die sich in erster Linie in der Rolle einer Juristin oder eines Juristen sehen; ein Betriebsrat stellt folgende Frage:

> „Hi Ich suche einen Spruch der zeigen soll, das man für entprechenden Menschen da ist, in einer Firma! Z.B. Wir sind für euch da Wir gehen durch Dick und dünn mit euch. Ich suche eine Spruch der so ähnlich ist und noch irgendwas, das aus-

> sagt das die betreffenden Menschen sich immer an einen Wenden können! Ideen?“ (Forum_2010_S)

Es antwortet ein Betriebsrat, der sich in dem Forum als Experte für Mitbestimmungsfragen positioniert hat:

> „Ich würde Ihnen empfehlen Ihre Energie in das Studium des Betriebsverfassungsgesetzes zu investieren. Wichtiger als ein guter Spruch ist es der Funktion des Betriebsrats gerecht zu werden. Die Hauptaufgabe des Betriebsrates ist die Vertetung von kollektiven Arbeitnehmerinteressen. Diese Funktion gilt es kompetent, innerhalb des gesetzlichen Rahmens auszufüllen. Gute Betriebsratsarbeit bedeutet nicht durch dick und dünn gehen zu müssen, sondern ähnlich wie ein Anwalt ein Mandat zu übernehmen und dieses angemessen zu vertreten.“ (Forum_2010_T)

Die Beziehung zwischen Betriebsrat und Belegschaft ist keine rechtliche. In seiner „Theorie des kommunikativen Handelns“ vertritt Jürgen Habermas (1981: 522) die These: „(...) die Imperative der verselbständigten Subsysteme dringen, sobald sie ihres ideologischen Schleiers entkleidet sind, von außen in die Lebenswelt – wie Kolonialherren in eine Stammesgesellschaft – ein und erzwingen die Assimilation“. Folge einer solchen Kolonialisierung der sozialen Beziehung zwischen Belegschaft und Betriebsrat ist eine Verschleierung von Anerkennungsbedürfnissen. Und zwar auf beiden Seiten: Betriebsräte verlieren den Blick dafür, Beschäftigte können sie nicht äußern.

Betriebsräte schaffen Distanz zur Belegschaft, wenn sie sich auf rechtliche Interessenvertretung beschränken und dabei die anderen Anerkennungsdimensionen aus dem Blick verlieren.

7.3 Ursache von Verdrossenheit: Inkompatibilität von Anerkennungsbedürfnissen und -strategien – Fazit anhand eines Einzelfalls

Abschnitt 7.2 hat gezeigt, dass die Missachtung von Anerkennungsbedürfnissen durch den Betriebsrat ursächlich für Verdrossenheit von Beschäftigten ist. Betroffen sind solche Beschäftigtengruppen, deren Anerkennungsbedürfnisse inkompatibel zu der Anerkennungsstrategie des Betriebsrats ist.

Im Folgenden soll anhand eines Einzelfalls analysiert werden, wie ein Betriebsrat (Int_Krankenhaus_B) seine Anerkennungsstrategie weitgehend offen für vielfältige Anerkennungsbedürfnisse gestaltet – und damit kompatibel bleibt.

Zum Hintergrund: Die Befragten sind drei Vertreter des insgesamt 15-köpfigen Betriebsrats eines konzernunabhängigen Krankenhauses (rund 500 Betten). Person 1 ist langjährig freigestellter Betriebsratsvorsitzender. Er war vorher als Haustechniker tätig. Person 2 ist freigestellte Stellvertreterin, sie war vorher Sekretärin. Person 3 ist freigestelltes Betriebsratsmitglied und war vorher Pfleger.

Im Interview antwortet Person 1 auf die Frage, was der Betriebsrat für die Belegschaft erreicht habe:

> *Person 1:* „Wir hatten letztens wieder zusätzliche Gehaltsausschüttungen, Prämiensystem haben wir eingeführt, leistungsorientierte Bezahlung – also ein positives Thema."

Der Betriebsratsvorsitzende nennt spontan ausschließlich knappe Anerkennungsformen. Im späteren Verlauf kommt der Interviewer auf das Thema zurück.

> *Interviewer:* „Erzählen Sie mir bitte mehr über die flexiblen Lohnbestandteile."
>
> *Person 1:* „Leistungsorientierte Bezahlung. Das ist seit 2005, 2006. Zum ersten Mal in der Geschichte des öffentlichen Dienstes wird das Wort „Leistung" ausgesprochen, ohne vor Scham zu erröten."
>
> *Interviewer:* „Sie haben das vorhin als positiv dargestellt." [Alle stimmen zu]
>
> *Person 2:* „Wir sehen das positiv."
>
> *Person 3:* „Die Mitarbeiter sehen das auch positiv."
>
> *Person 1:* Mittlerweile ja. Die Gewerkschaft Verdi nicht.
>
> *Interviewer:* „Ja, lassen Sie uns darüber reden. Ich würde gerne genauer wissen, warum Sie das so positiv sehen. Können Sie mir mal ein Beispiel geben? Wie kann man eine Krankenschwester zum Beispiel leistungsorientiert bezahlen?"
>
> *Person 1:* „Das ist eine Sache, wie Sie Leistung messen. Verdi ist von vornherein schon allergisch gegen das Wort ‚Leistung'. Wobei Verdi den Tarifvertrag mit unterzeichnet hat 2005. Aber die Tinte war noch nicht trocken – und dann wurde in den Kreisen (unverständlich). Deswegen arbeiten wir auch mit Verdi nicht so gerne zusammen. Wir müssen schon eine Gewerkschaft haben, die authentisch ist, die hinter uns steht, die unsere Ziele mit verfolgt. Wie wollen Sie Leistung messen? Da haben wir ein System gefunden. Es gibt ja einmal die systematische Leistungsbeurteilung aus dem Beamtenrecht. Das ist so [nach] Nase. ‚Sie hat sich stets bemüht.' ‚Der ist nett.' ‚Der ist fleißig.' So, wir machen das messbar. Physikalisch messbar. Mit einer Zielvereinbarung. Also ich mache mit Ihnen ein Jahr im Voraus eine Zielleistung. Ich erwarte von Ihnen, Ende des Jahres das und das und das und das. Das mache ich von physikalischen Tatsachen abhängig, wie man das messen und bewerten kann. Erfüllt/nicht erfüllt. Geld/Kein Geld. Also ist jetzt für Sie als Geisteswissenschaftler ungewöhnlich."

Die Betriebsräte befürworten leistungsabhängige Lohnbestandteile. Auch ihre Belegschaft sähe das positiv. Der Betriebsratsvorsitzende (Person 1) verwendet demonstrativ ein betriebswirtschaftliches Manager-Skript. Leistung sei mit Hilfe von Zielvereinbarungen „physikalisch" mess- und binär codierbar. Sein Seitenhieb gegen den Interviewer („Sie als Geisteswissenschaftler") zeigt: Er fühlt sich wohl in der Rolle eines rational-rechnenden Managers und kokettiert damit. Auf die Frage, wie dieses Engagement des Betriebsrats von der Belegschaft empfunden wird, fügt er im weiteren Gesprächsverlauf hinzu:

> *Person 1:* „Ja, also ist jetzt von anfänglicher Skepsis immer mehr Zustimmung. Dadurch haben wir unsere Arbeit, dadurch ist der letzte Wahlsieg, den wir gemacht haben, war unsere Liste auch ein Erdrutschsieg wieder. Also Inhalte überzeugen, nicht durch Geschwätz. Nicht durch Grillwürstchen, Feste."

Der Betriebsratsvorsitzende skizziert bis hierhin eine Anerkennungsstrategie, in dem kompetitive Anerkennung viel Raum einnimmt, harmonisierende Anerkennung („Grillwürstchen, Feste") hingegen marginalisiert er. Das steht zunächst im ganz direkten Widerspruch zu den Strategien, die man von Betriebsräten traditionell erwartet. Der Interviewer hakt deswegen ein drittes Mal nach, woraufhin sich das Bild dann relativiert:

> *Interviewer:* „Mich würde trotzdem noch mal interessieren: Wie misst man die Leistung einer Krankenschwester ganz konkret?"

> *Person 1:* „Sie können – ganz einfach. Das ist total einfach. Sie machen mit der irgendein Ziel. Ziel, das oben auf die Basisleistung: Also acht Stunden Arbeit, dafür kriegt man 3000 Euro. Das ist die Basisleistung. Da ist dann so ein Tätigkeitskatalog. Stellenbeschreibung und so weiter."

> *Person 3:* „Simples Beispiel: Pflege des Medikamentenschrankes. Das muss man einfach in der Pflege immer nachhalten. Immer also nach vorne und das Neue nach hinten. Da kann ich eine Zielvereinbarung machen. Du Schwester Y kümmerst dich jetzt von bis um den Apothekenschrank, dass immer alles vorrätig ist."

> *Person 1:* „Was die Kollegin sonst auch tut. Was sie aber nicht honoriert bekommt – diesmal aber über ein Gespräch empfohlen bekommt, oder selbst vorschlägt, ich kann auch selber ein Ziel vorschlagen, das haben wir flexibel gemacht, und der Vorgesetzte kontrolliert das zehn Mal im Jahr. Ist das zehn Mal OK ist das OK. Ziel erreicht. Sie müssen ja immer sehen, dass ein Ziel messbar ist."

Was der Betriebsratsvorsitzende zuerst als Instrument kompetitiver Anerkennung beschreibt, entpuppt sich nun als eine spezielle Variante fürsorgender Anerkennung: „Honoriert" (Person 1) wird, „was die Kollegin sonst auch tut". Sie muss nicht im Wettbewerb mit anderen ‚um den aufgeräumtesten Medizinschrank' kämpfen, um ihren Bonus zu bekommen. Stattdessen wird eine alltägliche Aufgabe herausgegriffen, deren Erledigung kontrolliert wird. Gewährleistende Tätigkeiten in Dienstleistungsberufen werden erst sichtbar, wenn etwas nicht planmäßig läuft. Die planmäßige Gewährleistung ist nämlich der Normalfall. Ein Medizinschrank kann nur ordnungsgemäß aufgeräumt sein – es gibt davon keinen Superlativ, für den man dann besondere Anerkennung einfordern könnte. Das Bonussystem macht den Normalfall also mithilfe einer Zielvereinbarung sichtbar.

> *Person 1:* „Also das ist ein ganz wichtiges Element der Wertschätzung des Mitarbeiters. Der Vorgesetzte setzt die Leute hin, führt ein Gespräch mit denen. Hatten wir ja früher nicht."

> *Person 3:* „Eben, ganz genau. [*Person 1:* Dadurch haben wir eine Gesprächskultur]. Es wird mit dem Mitarbeiter gesprochen und der Mitarbeiter hat das Gefühl: Da wird auch mal wahrgenommen, was ich tue. Das sind ja Tätigkeiten, die sind vorher ja auch ausgeführt worden. Ja, aber da waren die Leute halt da, die machen das ja sowieso. So, jetzt müssen diese Tätigkeiten gezielt angesprochen werden. Das heißt: Ich als Mitarbeiter kann auch sicher sein, dass mein Vorgesetzter über das anfallende Arbeitsvolumen überhaupt mal wirklich Bescheid weiß. Das ist eine Neuerung, die ist, ich möchte fast sagen, begeistert aufgenommen worden."

> *Person 1:* „Ich komme mit einem Mitarbeiter gezielt ins Gespräch über eine Zielvereinbarung. Ich nehme mir Zeit, zehn Minuten mit einem Mitarbeiter zu sprechen. Offiziell. Man spricht tausend Mal am Tag. Aber die Förmlichkeit, das Ritual. Wir haben Rituale eingeführt. Und das ist sehr sehr gut angekommen. Das haben sich alle anderen Betriebs- und Personalräte durch die Lappen gehen lassen. Diese Chance, die Betriebskultur zu verbessern."

Die Zielvereinbarung wird in einem Gespräch zwischen Arbeitnehmer und Vorgesetzten getroffen. Diesen Kontakt beschreiben die Betriebsräte als wesentliche Errungenschaft. Beide benutzen dafür Begriffe, die eindeutig auf harmonisierende Anerkennung verweisen. Derselbe Interviewpartner, der sich kurz vorher zum selben Thema eines sehr kompetitiven Manager-Skripts bedient hat, sagt jetzt gar: „Der Vorgesetzte setzt die Leute hin, führt ein Gespräch mit denen." (Person 1), was eher elterliche Assoziationen weckt und damit sehr untypisch in Bezug auf Leistungsbeurteilungssystem ist.

Hinzu kommt, dass die Teilnahme am Zielvereinbarungsprogramm freiwillig ist:

> *Person 1:* „Ich kann ja sagen: ich bin alt, ich hab keine Lust oder ich bin familiär jetzt nicht so. Ich profiliere mich nicht so ein bisschen nebenbei. Ich nehme nicht dran teil, ich verzichte. Das sind ja nur so 250 Euro im Jahr. So viel ist das ja auch nicht."

Der Betriebsratsvorsitzende beschreibt hier eine Ausstiegsoption für solche Mitarbeiter, deren Anerkennungsbedürfnisse nicht mit einem Bonussystem vereinbar sind. Auch die Höhe des Bonus kommt erst jetzt ins Gespräch, es handelt sich offenbar um Zehntelprozente des Jahreseinkommens, was in Anbetracht der Größe des Unternehmens auch als ausreichend verfügbare Anerkennungsform interpretiert werden könnte (vgl. zum fließenden Übergang von knappen zu ausreichend verfügbaren Anerkennungsformen Bredenkötter/Musiol 2012: 135f.).

Bemerkenswert ist außerdem, dass die vereinbarten Ziele offenbar stets erfüllt werden:

> *Interviewer:* „Hat es die ein oder andere Situation gegeben haben, wo sich Vorgesetzter und Mitarbeiter zum Schluss nicht einig darüber wurden, ist das Ziel jetzt erfüllt oder nicht? Haben Sie als Betriebsrat da Probleme zu klären?"
>
> *Person 1:* „Nein."
>
> *Person 2:* „Wir haben ja eine betriebliche Kommission gegründet, bevor das Ganze begonnen hat."
>
> *Person 3:* „Mir ist aber auch wirklich kein Fall bekannt, wo wirklich (...) gesagt wurde: ‚Ich habe den Schrank geputzt.' Und die Gegenseite hat gesagt: ‚Niemals hast Du den geputzt.' [alle stimmen zu] Das ist mir noch nicht vorgekommen."

Auch das ist ein Hinweis darauf, dass sich das System der leistungsorientierten Bezahlung zu einem Instrument fürsorgender und harmonisierender Anerkennung entwickelt hat oder so angelegt wurde. Es kommt ohne kompetitive Elemente aus. Im Interviewverlauf wird eine geradezu idealtypische „Entkopplung" (Brunsson 1992) von „talk" (Verlautbarung), „decision" (Entscheidung) und „action" (Umsetzung) sichtbar. Entspricht ein Konzept dem Zeitgeist, wird es von zahlreichen Organisationen, die ganz unterschiedlichen Rahmenbedingungen unterliegen, eingeführt. Die Umsetzung fällt dann aber unterschiedlich aus. Vor diesem Mechanismus sind offenbar auch Betriebsräte nicht gefeit. Obwohl das Interview im Sommer 2011 stattfand, also nach Ausbruch der Finanz- und Wirtschaftskrise, vertritt der Betriebsratsvorsitzende in seiner Verlautbarung zu Beginn des Interviews vehement ein wettbewerbsorientiertes System der Leistungsmessung. Die Umsetzung entpuppt sich dann als quasi gegenteiliges Konzept.

Auch die anfängliche Abneigung des Betriebsratsvorsitzenden gegen harmonisierende Anerkennung (abwertende Urteile über Betriebsräte, die sich für „Feste" und „Grillwürstchen" einsetzen), muss nach dem weiteren Verlauf des Gesprächs revidiert werden:

> *Person 3:* „Wir haben es in unserer Amtszeit immer geschafft, dass wir jedes Jahr ein Betriebsfest ausrichten. [*Person 1:* ‚ja richtig'] Das darf man mal so sagen. (...) da werden keine Kosten und Mühen gespart. Es ist immer eine Band, es ist immer ein DJ. Oder: Immer Buffet, man kann trinken, ne? (...)"
>
> *Person 1:* „Ja, das wird immer gerne vergessen."

Regelrecht begeistert zählen die Betriebsräte später noch weitere Elemente harmonisierender Anerkennung auf, die sie für ihre Belegschaft durchsetzen konnten (z.B. kostenlose Mitarbeiterparkplätze, Erfrischungen im Sommer, Mitarbeiterverkäufe, subventionierte Kantinenspeisen).

Warum unterscheidet sich die ‚Verlautbarung' des Betriebsratsvorsitzenden in verschiedenen Punkten so stark von der tatsächlichen ‚Umsetzung'? Womöglich will er sich so vom Vorwurf reinwaschen, aufgrund seines Betriebsratsamts politische Klientelpolitik zu betreiben.

In einem Internetforum erzählt ein Arbeitnehmer, dass er und einige seiner Kollegen überlegen, einen Betriebsrat zu gründen. Er möchte dazu einen Rat der anderen Forenteilnehmer. Einer antwortet:

> „Ihr müsst euch aber im klaren sein, dass die Gründung eines Betriebsrates ein extremes sozig sein mit sich bringt. Würde ich mir 2 mal überlegen, bevor ich von der Welt als Sozi diffamiert werde." (Forum_2006_F)

Vorurteile dieser Art sind häufig. Der Betriebsrat des Krankenhauses (Einzelfall in diesem Abschnitt) kann sie leicht entkräften. Die Anerkennungsstrategie, die der Betriebsrat verfolgt, ist kompatibel zu sehr vielen Anerkennungsbedürfnissen in der Belegschaft.

Betriebsräte können großen Einfluss auf das Anerkennungsangebot des Unternehmens nehmen. Auf Ebene der knappen Anerkennungsformen sind sie in der Mitbestimmung. Das heißt zum Beispiel: Die Aufstellung von Entlohnungsgrundsätzen und die Einführung, Änderung und Anwendung von Entlohnungsmethoden können Betriebsräte mitgestalten (§ 87 Abs. 1 Nr. 10 BetrVG). Dies gilt auch für Sondergratifikationen (sofern in diesem Fall oder grundsätzlich kein Tarifvertrag gilt bzw. vorhanden ist) und eingeschränkt auch für freiwillige Boni.

Auf Ebene der ausreichend verfügbaren Anerkennungsformen sind Betriebsräte vollkommen frei – was ein wichtiges Potenzial darstellt. Allein über diese Anerkennungsformen können Betriebsräte dafür sorgen, dass die individuellen Anerkennungsbedürfnisse aller Beschäftigten zu einem großen Teil bedient werden und damit die Distanz zu bisher verdrossenen und gleichgültigen Kolleginnen und Kollegen verkürzen.

Je stärker sich die Anerkennungsstrategie, die der Betriebsrat verfolgt, von den Anerkennungsbedürfnissen der Beschäftigten unterscheidet, desto größer ist die Distanz. Es liegt also im Interesse von Betriebsräten, ihre Anerkennungsstrategie in allen vier Anerkennungsformen möglichst offen zu halten. Im soeben diskutierten Einzelfall ist es dem Betriebsrat gelungen, indem er für verschiedene Anerkennungsbedürfnisse unterschiedliche Anerkennungsoptionen geschaffen hat. Anstatt kompetitive Anerkennung zu blockieren, wurde das Bonusmodell für weitere Anerkennungsformen geöffnet – aber ohne andere Optionen zu verschließen.

8. Zusammenfassung

Was ist Betriebsräte-Verdrossenheit? Die größtmögliche Distanz zwischen einem unzufriedenen Vereinsmitglied und seinem Verein ist durch den Austrittsakt markiert. Dies ist die Grenze zwischen Noch-Mitgliedschaft und Nicht-mehr-Mitgliedschaft. In der Beziehung zwischen Betriebsrat und Belegschaft gibt es ebenfalls eine solche maximale Distanz, an deren Endpunkt aber keine Ausstiegsoption steht, sondern Verdrossenheit. Sie ist der destruktive, passive, stille und distanzierte Ausdruck von Unzufriedenheit. Ein anderer Ausdruck ist die Kritik. Sie äußert sich konstruktiv, aktiv, hörbar und nah.

Diese Studie hat nach den Ursachen gefragt, warum manche Beschäftigte in die Verdrossenheit ‚abwandern', während andere Beschäftigte ihre Unzufriedenheit in Form von Kritik ausdrücken.

Das Ergebnis ist: Beschäftigte, die ihre Anerkennungsbedürfnisse durch den Betriebsrat missachtet sehen, verlieren ihre positiven Erwartungen in ihn. Die Missachtung offenbart nämlich eine grundsätzliche Inkompatibilität der Ansprüche der verdrossenen Beschäftigten und der Politik des Betriebsrats. Die Erfahrung von Missachtung ist eine moralische (vgl. Honneth 1994: 258) und verschließt sich deswegen einem pragmatischen Konsens. Und wo keine Lösung in Aussicht ist, entsteht Verdrossenheit.

Weil sich Verdrossenheit gegenüber dem Verursacher still, passiv und distanziert verhält, ist sie für Betriebsräte nur schwer zu diagnostizieren. Diese Gruppe teilt ihre Meinung, wenn überhaupt, in informellen Gesprächen mit Kollegen oder eben in anonymen Internetforen mit. Das heißt auch: Bei offen geäußerter Kritik vonseiten naher Beschäftigter schwingt stets ein Anfangsverdacht mit – ihre Unzufriedenheit kann in distanzierteren Belegschaftsschichten, die ihre Unzufriedenheit jedoch nicht direkt äußern, ebenfalls oder sogar verstärkt virulent sein.

In ihren Symptomen ist die Verdrossenheit der Gleichgültigkeit sehr ähnlich. Schlecht besuchte Betriebsversammlungen, wenig Besucher in Sprechstunden oder geringe Rücklaufquoten bei Mitarbeiterbefragungen sind Hinweise für Verdrossenheit und Gleichgültigkeit. Aber: Maßnahmen, die innerhalb der Belegschaft positive Erwartungen wecken, senken die Distanz und wirken so gleichermaßen Verdrossenheit und Gleichgültigkeit entgegen.

Diese Studie hat zwei Typen von Missachtungserfahrungen gezeigt, die Verdrossenheit verursachen: erstens Verstöße gegen Bedürfnisse nach *Selbst*bestimmung und zweitens Verstöße gegen Bedürfnisse nach *Mit*bestimmung. Beide Missachtungserfahrungen beruhen auf einem Gefühl der Fremdbestimmung durch den Betriebsrat.

Was unterscheidet Verdrossenheit durch Missachtung von Selbstbestimmungsbedürfnissen (a) von der Verdrossenheit, die durch Missachtung von Mitbestimmungsbedürfnissen (b) verursacht wird?

Zu (a): Beschäftigte dieses Typs vermitteln in Forenbeiträgen ein klares Bild des ‚Fingerabdrucks' ihrer Anerkennungsbedürfnisse. Idealtypisch wollen sie in Wettkämpfen nach materieller Anerkennung streben und sich dabei keinen fremden Regeln unterwerfen (kompetitiver Bereich groß). Anerkennung, die nicht auf Ergebnissen in Wettkämpfen beruht, lehnen sie als Gleichmacherei ab. Fördern Betriebsräte solche Anerkennungsformen, empfinden diese Beschäftigten dies als Umverteilung zu ihren Ungunsten und fühlen sich ungerecht behandelt (fürsorgende und harmonisierende Anerkennung klein). Sie sehen sich in der Solidargemeinschaft der Beschäftigten auf der Geberseite und lehnen das Prinzip deswegen ab. Durch Selbstbestimmung versprechen sie sich höhere Gewinne im Kampf um Anerkennung.

Zu (b): Als Konsequenz aus dem Gefühl der Fremdbestimmung sucht dieser Typus nicht nach Selbstbestimmung, sondern nach mehr Mitbestimmung bei den Entscheidungen des Betriebsrats. Es handelt sich also um grundsätzliche Anhänger des Gedankens betrieblicher Mitbestimmung. Das ist ein Hinweis, dass in dieser Gruppe das Bedürfnis nach fürsorgender Anerkennung, Solidarität und Ausgleich unter Kolleginnen und Kollegen stärker ausgeprägt ist.

Selbstbestimmungsorientierte Personen sind für Betriebsräte dann erreichbar, wenn diese ihre verfolgte Anerkennungsstrategie für kompetitive Elemente öffnen. Die Einzelfallanalyse in Abschnitt 7.3 hat gezeigt, dass das nicht zulasten solcher Beschäftigter gehen muss, deren fürsorgende und harmonisierende Anerkennungsbedürfnisse überwiegen.

Mitbestimmungsorientierte Personen wollen stärker in Entscheidungsprozesse eingebunden werden. Sie verlangen nicht nach eigenen Partizipationsstrukturen. Maßnahmen zur Mitbestimmung am Arbeitsplatz müssen demnach keine Gefahr oder Konkurrenz für Betriebsräte sein, sondern können von ihnen angeleitet und moderiert werden.

9. Ausblick: weitere Befunde

Ist die in dieser Studie entwickelte gegenstandsbegründete Theorie über die Ursachen von Betriebsräte-Verdrossenheit vollständig?

Womöglich „schlummern“ (Strauss 2004: 56) noch weitere Erklärungen im vorliegenden empirischen Material oder in noch nicht erhobenen Einzelfällen. In die Theoriegenerierung sind nur solche Konzepte eingeflossen, die empirisch ausreichend gesättigt waren.

So konnte für zahlreiche dokumentierte Einzelfälle nicht abschließend geklärt werden, ob es sich um individuelle oder systematische Unzufriedenheiten handelt. Zum besseren Verständnis ein Beispiel: Ein Beschäftigter beschwert sich darüber, dass ein Betriebsrat immer wieder in seinem Büro raucht. Dann scheint zuerst klar, dass es sich um einen individuellen Einzelfall handelt, der nicht mit dem Betriebsratsamt verknüpft ist (individuelle Unzufriedenheit). Die Person benimmt sich schlichtweg unhöflich. Wären im weiteren Verlauf der Analyse aber ähnliche Einzelfälle aufgekommen, wäre genauer untersucht worden, ob Betriebsräte sich womöglich Rechte herausnehmen, die für soziale Beziehungen unter Kolleginnen und Kollegen untypisch sind. Eine Reihe von Einzelfällen, die nicht in die Analyse eingegangen sind, weil eben keine weiteren Fälle auf eine Systematik hingedeutet haben, sollen im folgenden skizziert werden. Sie dienen als Ausblick für weitere Forschung, um die in dieser Studie entwickelte gegenstandsbegründete Theorie weiterzuentwickeln.

Ängste: Beschäftigte beschreiben Ängste gegenüber Betriebsräten, weil diese zu Veränderungen führen könnten. Diese Veränderungen (entweder durch Wahl eines Betriebsrats oder durch Maßnahmen des Betriebsrats) könnten nicht nur Verbesserungen der aktuellen Situation zur Folge haben, sondern auch Verschlechterungen. Also solle lieber alles beim Alten bleiben, so das dann genannte Argument. Es ist zu vermuten, dass Beschäftigte mit einer solchen Lebenseinstellung auch vor anderen Veränderungen zurückschrecken – die Angst also nicht spezifisch auf Betriebsräte bezogen ist.

Außerdem beschreiben Beschäftigte Ängste vor Karrierenachteilen, die sie durch den Kontakt mit Betriebsräten erleiden könnten. Hier sind zwei Fälle zu unterscheiden: Erstens gibt es Forenbeiträge, in denen die Schuld an möglichen Karrierenachteilen unreflektiert Betriebsräten zugeschrieben wird. In anderen Fällen geht aus den Beiträgen klar hervor, dass die Befürchtung vor Karrierenachteilen ihren Ursprung im erwarteten Verhalten der Geschäftsleitung hat.

Verbreitet ist auch die Furcht vor einer Kontaktaufnahme mit dem Betriebsrat, aus Sorge, dieser würde das Problem lösen wollen, wodurch es aber zunächst betriebsöffentlich würde. Dies ist besonders in Fällen von Mobbing oder sexueller Belästigung der Fall. In diese Kategorie gehören auch Fälle unreflektierter Wut auf den eigenen Betriebsrat, weil eben diese Betriebsöffentlichkeit eingetreten ist – unabhängig davon, ob es tatsächlich eine Indiskretion gegeben hat oder sie vom Betriebsrat verschuldet ist. In beiden Gruppendiskussionen berichteten Teilnehmer von dieser Schwierigkeit: So würden sie von Beschäftigten gelegentlich auf Probleme angesprochen, dies aber mit der ausdrücklichen Bitte, nichts zu unternehmen – aus Angst, eine Maßnahme des Betriebsrats könne die Situation zusätzlich verschlimmern. Das scheint zwar ein systematisches Problem zu sein, hat aber andere Ursachen als die hier untersuchte Betriebsräte-Verdrossenheit.

Betriebsräte werden gelegentlich als eine allerletzte Waffe beschrieben, deren Einsatz allerdings als gefährlich angesehen wird. Autoren solcher Forenbeiträge begreifen den Gang zum Betriebsrat als Rosskur.

Kritik an individuellen Eigenschaften des eigenen Betriebsrats: In vielen Forenbeiträgen kritisieren Beschäftigte individuelle Eigenschaften einzelner Betriebsratsmitglieder oder ihrer jeweiligen Betriebsratsgremien, die auf höchst individuelle Erfahrungen gestützt werden oder ohne nähere Begründung als Schmähkritik formuliert sind. Vorgeworfen werden Amtsmissbrauch zur Durchsetzung egoistischer Motive (häufig genannt ist Prestigeaufbau), mangelnde rhetorische und inhaltliche Kompetenz, Ängstlichkeit, Forschheit, Indiskretion, Kritikunfähigkeit, Unehrlichkeit, Überheblichkeit und gebrochene Versprechen. Ein weiteres großes Kritikfeld ist mangelndes Engagement: Der Betriebsrat sei faul, träge und feiere krank.

Loyalitätsfrage: Erhoben wurden auch solche Forenbeiträge, in denen Abneigung gegenüber Betriebsräten indirekt durch Loyalitätsbekundungen gegenüber Vorgesetzten oder anderen betrieblichen Gruppierungen zum Ausdruck gebracht wird. Die Argumentation lautet dann: Man brauche keinen Betriebsrat (wolle keinen wählen oder fände einen existierenden unnötig), weil der Arbeitgeber fair sei, ein gutes Verhältnis zu Vorgesetzten bestehe oder der Kommunikationsfluss zwischen Geschäftsleitung und Belegschaft in Ordnung sei. Auch diese Argumentationslogik verengt Betriebsräte auf ihre Kriseninterventionsfunktion. In diese Kategorie fallen auch solche Forenbeiträge, in denen Beschäftigte von einem Ehrenkodex berichten, der die Wahl eines Betriebsrats oder aber seine Zuhilfenahme ausschließt.

Kritik wegen diverser Privilegien: Betriebsräte genießen gewisse Privilegien, die sie benötigen, um ihrer Vertretungsarbeit angemessen nachkommen zu können. Dazu zählen: Betriebsratsmitglieder werden von ihrer beruflichen Tätigkeit befreit, soweit es zur ordnungsgemäßen Durchführung ihrer Aufgaben als Betriebsrat notwendig ist (vgl. § 37 Abs. 2 BetrVG). In Unternehmen mit mehr als

200 Beschäftigten wird ein Teil der Betriebsratsmitglieder sogar komplett von ihrer beruflichen Tätigkeit freigestellt (vgl. § 38 BetrVG). Dies führt aus verschiedenen Gründen zu Kritik:

1. Beschäftigte beneiden ihre Betriebsratsmitglieder um die Möglichkeit, aus ihrer womöglich eintönigen oder körperlich belastenden beruflichen Tätigkeit regelmäßig ausbrechen zu können.
2. Fehlt ein Betriebsratsmitglied an seinem Arbeitsplatz, kann sich die von ihm liegen gelassene Arbeit auf die Schultern der übrigen Kollegen verteilen. Dies ist dann zwar eine personelle Fehlplanung vonseiten der Personalabteilung, wird aber gelegentlich trotzdem den fehlenden Betriebsratsmitgliedern angekreidet.
3. In stark vermarktlichten Unternehmen, in denen sich die Abteilungen und Arbeitsgruppen über Kennzahlen messen lassen müssen, haben solche Abteilungen einen Wettbewerbsnachteil, die einen Betriebsrat stellen.

Betriebsräte genießen einen speziellen Kündigungsschutz, den sie benötigen, um auch (aus Sicht des Arbeitgebers) unbequeme Interessen vertreten zu können. In Forenbeiträgen wird kritisiert, dass einzelne Betriebsratsmitglieder diesen Status ausnutzen würden, um trotz fehlenden Einsatzes ihren Arbeitsplatz zu sichern. Außerdem wird kritisiert, dass der Kündigungsschutz die einzige Motivation für eine Kandidatur zum Betriebsrat sein könnte. Besonders kritisch wird der Kündigungsschutz von solchen Beschäftigten gesehen, die aufgrund eines vom Betriebsrat aufgestellten Sozialplans ihren Arbeitsplatz verloren haben. Ausführlich analysiert wurden Diskussionsstränge, in denen Beschäftigte die Insolvenz der Anton Schlecker e. K. diskutieren. Hier ergab sich die Situation, dass nach Schließung eines Großteils der Standorte verbliebene Filialen nur noch von Betriebsräten betrieben wurden, weil für sie bis zum Schluss ein Arbeitsplatz bereitgestellt werden musste.

Arbeitshandeln: Kündigungen/Beförderungen/Einstellungen/Themenwahl: Ein weiteres Kritikfeld ist individuelle Unzufriedenheit mit dem konkreten Arbeitshandeln von Betriebsratsmitgliedern und Gremien. Betriebsräte müssen bei Einstellungen, Kündigungen und Beförderungen angehört werden. Dies sind Themenbereiche, die eindeutige Verlierer schaffen, die sich dann entsprechend unzufrieden oder gar wütend äußern.

In manchen Unternehmen wird das Mitspracherecht bei Einstellungen pragmatisch so umgesetzt, dass der Betriebsrat im Einstellungsgespräch mit am Tisch sitzt. Forenbeiträge weisen darauf hin, dass dies gerade in den Augen unerfahrener Beschäftigter die Rolle des Betriebsrats in einer unerwünschten Form überhöht: Der Betriebsrat sitzt auf der ‚anderen Seite des Tisches', bei der Geschäftsleitung und bei den Personalverantwortlichen.

In zahlreichen Forenbeiträgen beschweren sich Beschäftigte, dass Betriebsräte sich zu stark auf vermeintliche Kleinigkeiten konzentrierten, was zusätzlich einen bürokratischen Mehraufwand bedeute. Was als unnötige Kleinigkeit und was als wichtiges Thema gilt, ist sehr subjektiv, entsprechend vielfältig und widerspricht sich teilweise.

Klientelpolitik: Es sind zahlreiche Forenbeiträge dokumentiert, in denen gewerkschaftlich organisierte Betriebsräte nicht-organisierte Beschäftigte zu einer Mitgliedschaft drängen, was die Betroffenen ärgert. Außerdem wurden Fälle aus der Automobilindustrie dokumentiert, in denen Beschäftigte aus Sorge vor Diskriminierung vonseiten ihrer Kollegen und Betriebsräte keine offene Kritik gegenüber der Gewerkschaft äußern wollen. Gewerkschaften verfolgen ein politisches Programm, das die eigene Klientel zugunsten anderer Gruppen bevorzugt. Das ist legitim, denn die Mitgliedschaft beruht auf freier Entscheidung – wer mit dem Programm übereinstimmt, kann eintreten. Allen anderen steht es frei, sich nicht zu organisieren. Gegenüber dem Betriebsrat gilt aber keine freie Mitgliedschaftsentscheidung. Das sorgt in Kreisen gewerkschaftskritischer Beschäftigter für Unzufriedenheit gegenüber solchen Betriebsräten, die ihre Nähe zur Gewerkschaft stark betonen.

Weitere Vorwürfe hinsichtlich der Bevorzugung bestimmter Gruppen beziehen sich auf Statusunterschiede: Die Spannungen sind umso stärker, je ausgeprägter der Unterschied im Qualifikationsniveau oder der betrieblichen Hierarchie zwischen der Betriebsratsmehrheit und dem unzufriedenen Beschäftigten ist. Das gilt in beide Richtungen – empirisch hinreichend gesättigt ist dies aber nur für Fälle, in denen sich Akademiker oder Arbeitnehmer mit Leitungsfunktion nicht von ihrem Betriebsrat vertreten fühlen.

Weitere Einzelfälle, in denen Beschäftigte ihrem Betriebsrat Klientelpolitik vorwerfen, sind folgenden Gruppen zuzurechnen: Nationalitäten und Volksgruppen, die im Unternehmen in der Minderheit sind; Außendienstler im Vergleich zu Innendienstlern und unterrepräsentierte Berufsgruppen (u.a. technische Beschäftigte in Krankenhäusern, Sicherheitspersonal, Kantinenbeschäftigte).

9.1 Schlussbemerkung

Aus der Beobachtung von Verdrossenheit und der empirischen Untersuchung ihrer Ursachen folgt nicht zwingend, dass man jede Verdrossenheitsursache für legitim und jedes darauf antwortende Betriebsratshandeln für politisch richtig halten müsste. Gewissen Erwartungen werden sich Betriebsräte auch nach Lektüre dieser Studienergebnisse ganz bewusst nicht beugen wollen. Die Frage nach angemessenen Antwortstrategien auf Verdrossenheit und die ihnen zugrunde liegenden interessen- und gewerkschaftspolitischen Erwägungen muss jedes Gremium und jede Gewerkschaft für sich treffen.

In dieser Studie wurden weitgehend nur negative Seiten der Beziehung zwischen Betriebsräten und Belegschaft beleuchtet. Das ist der Fragestellung geschuldet und selbstverständlich nicht dem engagierten und sicher auch aufopfernden Einsatz Tausender Betriebsrätinnen und Betriebsräte in Deutschland. Ziel war es, dem Phänomen der Betriebsräte-Verdrossenheit auf die Spur zu kommen – aber nicht, weil Verdrossenheit ein verbreitetes Problem wäre, sondern um einen kleinen Beitrag zu leisten, damit sie kein verbreitetes Problem wird.

In die Fragestellung dieser Studie flossen Anregungen vieler Betriebsrätinnen und Betriebsräte ein, denen ich in den letzten sieben Jahren begegnen durfte. Ihnen alle danke ich ebenso wie meinen Interviewpartnerinnen und -partnern sowie den Teilnehmerinnen und Teilnehmern der Gruppendiskussionen.

Der Arbeitssoziologin Prof. Geissler danke ich für ihre inhaltliche Beratung und für ihr herausragendes Engagement bei der Veröffentlichung – ich weiß beides sehr zu schätzen.

Düsseldorf, im November 2013 *Karl Musiol*

Literatur

ARD/ZDF (2013): Onlinestudie 2013 (Internet: www.ard-zdf-onlinestudie.de; zuletzt aufgesucht am 16.10.2013)

Agentur für Arbeit Rottweil (2011): Ergebnis Kundenbefragung in der Arbeitsagentur (Internet: http://www.arbeitsagentur.de/nn_168440/Dienststellen/RD-BW/Rottweil/AA/Internet/Presse/Presseinformationen/2011/043-Bestnoten-bei-Kundenbefragung.html; zuletzt aufgesucht am: 13.04.2013)

Artus, I./Liebold, R./Lohr, K./Schmidt, E./Schmidt, R./Strohwald, U. (2001): Betriebliches Interessenhandeln Band 2. Zur politischen Kultur der Austauschbeziehungen zwischen Management und Betriebsrat in der ostdeutschen Industrie. Opladen

Arzheimer, K. (2002): Politikverdrossenheit. Bedeutung, Verwendung und empirische Relevanz eines politikwissenschaftlichen Begriffs. Wiesbaden

Assmann, T. (2009): Neue Messverfahren zur Erfassung der Kundenzufriedenheit in der ambulanten Behindertenhilfe: Eine exemplarische Betrachtung. Hergensweiler

Baethge, M. (1991): Arbeit, Vergesellschaftung und Identität. Zur zunehmenden normativen Subjektivierung von Arbeit. In: Soziale Welt, Jg. 42/Heft 1, S. 6–19

Belling, D. W. (1990): Die Haftung des Betriebsrats und seiner Mitglieder für Pflichtverletzungen. Tübingen

Besser, R. (2007): Betriebsversammlungen, die etwas bewegen... 22 innovative Praxisbeispiele. Weinheim, Basel

Blutspendezentrum Wuppertal (o.J.): Impressum (Internet: http://www.blutspendezentren.de/index.php?idcatside=193; zuletzt aufgesucht am: 21.03.2013)

Boes, A. (2003): Selbstbestimmung versus Mitbestimmung? Arbeitspapier des Projekts ARB-IT2. Forschungsprojekt am ISF. München

Boes, A./Trinks, K. (2006): „Theoretisch bin ich frei!“ Interessenhandeln und Mitbestimmung in der IT-Industrie. Berlin

Bogedan, C./Brehmer, W./Herzog-Stein, A. (2009): Betriebliche Beschäftigungssicherung in der Krise. Eine Kurzauswertung der WSI-Betriebsrätebefragung 2009 (Internet: http://www.boeckler.de/pdf/wsi_br_befragung_2009_krise_kurzauswertung.pdf; zuletzt aufgesucht am: 09.12.2012)

Böhle, F./Voß, G. G./Wachtler, G. (Hg.) (2010): Handbuch Arbeitssoziologie. Wiesbaden

Bonfadelli, H. (2004): Informationsgesellschaft Schweiz. Medien, Organisationen und Öffentlichkeit im Wandel. Zürich

Bosch, A./Ellguth, P./Schmidt, R./Trinczek, R. (1999): Betriebliches Interessenhandeln, Band 1. Zur politischen Kultur der Austauschbeziehungen zwischen Management und Betriebsrat in der westdeutschen Industrie. Opladen

Bredenkötter, B./Musiol, K. (2012): „Schalten Sie um auf Erfolg!“ Paradoxe Versprechen von Arbeit und Anerkennung im Versicherungs-Strukturvertrieb. Mit einem Beitrag von Birgit Geissler. Berlin

Brunsson, N. (1992): The irrational organization. Irrationality as a basis for organizational action and change. Chichester

Candeias, M./Dörre, K./Röttger, B. (2012): Betriebsräte in der Zivilgesellschaft. Interessenvertretung zwischen Wettbewerb und überbetrieblichem Engagement. Münster

Candeias, M./Röttger, B. (2008): Betriebsräte in der Zivilgesellschaft. Überbetriebliches Engagement: Ansatz für die Erneuerung der Gewerkschaften? (Internet: http://nbn-resolving.de/urn:nbn:de:0168-ssoar-319351; zuletzt aufgesucht am 21.09.2013)

Däubler, W. (1991): Das Grundrecht auf Mitbestimmung und seine Realisierung durch tarifvertragliche Begründung von Beteiligungsrechten. Hamburg

Däubler, W./Kittner, M./Klebe, T./Wedde, P./Bachner, M. (Hg.) (2010): Betriebsverfassungsgesetz mit Wahlordnung und EBR-Gesetz. Frankfurt/M.

Demirović, A. (2007): Demokratie in der Wirtschaft. Positionen – Probleme – Perspektiven. Münster

Demirović, A. (2008): Mitbestimmung und die Perspektiven der Wirtschaftsdemokratie. In: WSI-Mitteilungen, Jg. 61/Heft 7, S. 387–393

Denzin, N. K./Lincoln, Y. S. (eds.) (1994): Handbook of qualitative research. Thousand Oaks

Dilger, A. (2002): Ökonomik betrieblicher Mitbestimmung. Die wirtschaftlichen Folgen von Betriebsräten. München

Döhl, V./Kratzer, N./Moldaschl, M./Sauer, D. (2001): Auflösung des Unternehmens? Die Entgrenzung von Kapital und Arbeit. In: Beck, U./Bonß, W. (Hg.): Die Modernisierung der Moderne. Frankfurt/M., S. 219–232

Dörre, K. (2010): Überbetriebliche Regulierung von Arbeitsbeziehungen. In: Böhle/Voß/Wachtler 2010, S. 873–912

Dunkel, W./Kratzer, N./Menz, W. (2010): ‚Permanentes Ungenügen' und ‚Veränderung in Permanenz': Belastungen durch neue Steuerungsformen. In: WSI-Mitteilungen, Jg. 63/Heft 7, S. 357–364

Edenfeld, S. (2005): Recht der Arbeitnehmermitbestimmung. Heidelberg

Flick, U./Kardoff, E. v./Steinke, I. (2003): Qualitative Forschung. Ein Handbuch. Reinbek

Fricke, W./Grimberg, H./Wolter, W. (2006): Die Betriebsversammlung: so wird's gemacht! Frankfurt/M.

Funder, M./Euler, H. P./Reber, G. (Hg.) (2000): Entwicklungstrends der Unternehmensreorganisation. Internationalisierung, Dezentralisierung, Flexibilisierung. Linz

Geissler, B./Zoll, R. (1979): Krise und betriebliche Arbeitsbeziehungen. In: Matthes, J. (Hg.): Sozialer Wandel in Westeuropa. Verhandlungen des Deutschen Soziologentages. Frankfurt/M., S. 330–340

Geissler, B. (2008): Zeitsouveränität: Die paradoxe Suche nach Selbstbestimmung. In: Wagner, G./Hessinger, P. (Hg.): Ein neuer Geist des Kapitalismus? Ambivalenzen und Paradoxien der Netzwerkökonomie. Wiesbaden, S. 257–277

Geissler, B. (2012): Die post-industrielle Gesellschaft und der Erfolg als Handlungsmaxime. Ein Nachwort zur MLM-Studie. In: Bredenkötter/Musiol 2012, S. 177–186

Glaser, B. G/Strauss, A. L. (1967): The discovery of grounded theory. Strategies for qualitative research. Chicago

Goethe, J. W. (1774): Die Leiden des jungen Werthers (Internet: http://gutenberg.spiegel.de/buch/3636/1; zuletzt aufgesucht am 04.01.2013)

Gottsched, J. C. (1758): Beobachtungen über den Gebrauch und Mißbrauch vieler deutscher Wörter und Redensarten. Straßburg, Leipzig

Greifenstein, R./Kißler, L. (2010): Mitbestimmung im Spiegel der Forschung. Eine Bilanz der empirischen Untersuchungen 1952–2010. Berlin

Greifenstein, R./Weber, H. (2009): Zukunftsfeste betriebliche Mitbestimmung. Eine Herausforderung für Wirtschaft, Gewerkschaften und Politik. Bonn

Greifenstein, R./Kißler, L./Lange, H. (2010): Trendreport Betriebsratswahlen 2010. Zwischenergebnisse kurz nach der Wahl (Internet: http://www.boeckler.de/pdf_fof/S-2010-338-2-1.pdf; zuletzt aufgesucht am 09.12.2012)

Habermas, J. (1981): Theorie des kommunikativen Handelns. Band 1+2. Frankfurt/M.

Haipeter, T. (2010): Betriebsräte als neue Tarifakteure. Zum Wandel der Mitbestimmung bei Tarifabweichungen. Berlin

Haller, A. v. (1773): Alfred, König der Angel-Sachsen. Göttingen, Bern

Hauptmann, G. (1891): Einsame Menschen. Berlin

Hauser-Ditz, A./Hertwig, M./Pries, L. (2006): Betriebliche Interessenregulierung in Deutschland. Survey + Strukturanalyse (BISS). Präsentation auf der Abschlusstagung des BISS-Projekts am 28.09.2006 in Berlin (Internet: http://www.ruhr-uni-bochum.de/soaps-biss/publikationen/BISS-Berlin-HBS-09-06-pub.pdf; zuletzt aufgesucht am 09.12.2012)

Hauser-Ditz, A./Hertwig, M./Pries, L. (2009): Andere Vertretungsorgane als Herausforderung für Betriebsräte? In: WSI-Mitteilungen, Jg. 62/Heft 2, S. 70–77

Holtgrewe, U./Voswinkel, S./Wagner, G. (2000): Anerkennung und Arbeit. Konstanz

Holtrup, A. (2005): Interessen und Interessenvertretung heute – aus der Perspektive von Beschäftigten. Erste empirische Befunde aus dem Forschungsprojekt zur subjektiven Relevanz von Arbeitsregulierung (Internet: http://www.iaw.uni-bremen.de/ccm/publications/material---pdf/2005/arbeitspapier-nr-16; zuletzt aufgesucht am 23.09.2013)

Holtrup, A. (2008): Individualisierung der Arbeitsbeziehungen? Ansprüche von Beschäftigten an Arbeit und Interessenvertretung. München

Honneth, A. (1994): Kampf um Anerkennung. Zur moralischen Grammatik sozialer Konflikte. Frankfurt/M.

Horn, G. A./Joebges, H./Kamp, L./Krieger, A./Sick, S./Tober, S. (2009): Gesamtwirtschaftliche Stabilität durch bessere Regulierung – Vorschläge für eine Neuordnung der Finanzmärkte. IMK Report Nr. 36 (Internet: http://www.boeckler.de/pdf/p_imk_report_36_2009.pdf; zuletzt aufgesucht am 21.09.2013)

IG Metall (2011): 60 Jahre Montanmitbestimmung: Kapital und Arbeit auf Augenhöhe (Internet: http://www.igmetall.de/60-jahre-montanmitbestimmung-7640.htm; zuletzt aufgesucht am 13.01.2013)

IHK (2012): IHK startet Umfrage zur Kundenzufriedenheit (Internet: http://www.osnabrueck.ihk24.de/servicemarken/ueber_uns/Was_wir_leisten/1858148/Kundenzufriedenheit_fuer_die_IHK_Osnabrueck_Emsland_Grafschaft.html;jsessionid=683F99C9B486DB645A560CC20FA878C2.repl23; zuletzt aufgesucht am: 12.01.2013)

Jirjahn, U. (2008): Betriebsräte und Beschäftigungswachstum. Spielt die Spezifikation der Betriebsgröße eine Rolle für den geschätzten Zusammenhang? In: Industrielle Beziehungen, Jg. 15/Heft 3, S. 279–291

Jirjahn, U. (2010): Ökonomische Wirkungen der Mitbestimmung in Deutschland. Ein Update. Arbeitspapier 186, Hans Böckler Stiftung (Internet: http://www.boeckler.de/pdf/p_arbp_186.pdf; zuletzt aufgesucht am 21.09.2013)

Kaschube, J. (2006): Eigenverantwortung – eine neue berufliche Leistung. Chance oder Bedrohung für Organisationen? Göttingen

Kißler, L./Greifenstein, R./Schneider, K. (2012): Die Mitbestimmung in der Bundesrepublik Deutschland. Eine Einführung. Wiesbaden

Kleemann, F./Matuschek, I./Voß, G. G. (2002): Subjektivierung von Arbeit. Ein Überblick zum Stand der soziologischen Diskussion. In: Moldaschl, M./Voß, G. G. (Hg.): Subjektivierung von Arbeit. München, S. 53–100

Kleemann, F. (2012): Subjektivierung von Arbeit Eine Reflexion zum Stand des Diskurses. In: Arbeits- und Industriesoziologische Studien Jg. 5/Heft 2, S. 6–20

Kocka, J. (2006): Geschichte und Zukunft der Mitbestimmung. Vortrag auf dem Workshop „30 Jahre Mitbestimmungsgesetz 1976. Mehr Demokratie in der Wirtschaft“ am 16. März 2006 (Internet: http://www.boeckler.de/20163_20168.htm; zuletzt aufgesucht am 21.09.2013)

Kotthoff, H. (1981): Betriebsräte und betriebliche Herrschaft. Eine Typologie von Partizipationsmustern im Industriebetrieb. Frankfurt/M:

Kotthoff, H. (1994): Betriebsräte und Bürgerstatus. Wandel und Kontinuität betrieblicher Mitbestimmung. München

Kotthoff, H. (2005): EU-Osterweiterung: die aktuelle Herausforderung für den Europäischen Betriebsrat. Erste Basiskontakte zwischen West und Ost. Arbeitspapier 109 der Hans Böckler Stiftung (Internet: http://www.boeckler.de/pdf/p_arbp_109.pdf; zuletzt aufgesucht am 21.09.2013)

Krafft, M./Götz, O. (2006): Der Zusammenhang zwischen Kundennähe, Kundenzufriedenheit und Kundenbindung sowie deren Erfolgswirkungen. In: Hippner, H./Hubrich, B./Wilde, Klaus D. (Hg). Grundlagen des CRM. Heidelberg, S. 213–246

Kuckartz, U./Dresing, T./Rädiker, S./Stefer, C. (2008): Qualitative Evaluation. Der Einstieg in die Praxis. Wiesbaden

Lohr, K. (2003): Subjektivierung von Arbeit. Ausgangspunkt einer Neuorientierung der Industrie- und Arbeitssoziologie? In: Berliner Journal für Soziologie Jg. 13/Heft 4, S. 511–529

Matzler, K. (1997): Kundenzufriedenheit und Involvement. Wiesbaden

Meine, H./Schumann, M./Urban, H.-J. (Hg.) (2011): Mehr Wirtschaftsdemokratie wagen! Hamburg

Minssen, H. (2006): Arbeits- und Industriesoziologie. Eine Einführung. Frankfurt/M.

Minssen, H./Riese, C. (2007): Professionalität der Interessenvertretung. Arbeitsbedingungen und Organisationspraxis von Betriebsräten. Berlin

Minssen, H. (2012): Arbeit in der modernen Gesellschaft. Wiesbaden

Moldaschl, M./Sauer, D. (2000): Internalisierung des Marktes. Zur neuen Dialektik von Kooperation und Herrschaft. In: Minssen, H. (Hg.): Begrenzte Entgrenzung. Wandlungen von Organisation und Arbeit. Berlin, S. 205–224

Moosbrugger, J. (2012): Subjektivierung von Arbeit. Freiwillige Selbstausbeutung. Wiesbaden

Müller-Jentsch, W. (Hg.) (1999): Konfliktpartnerschaft. Akteure und Institutionen der industriellen Beziehungen. München

Müller-Jentsch, W. (2007): Strukturwandel der industriellen Beziehungen. ‚Industrial Citizenship‘ zwischen Markt und Regulierung. Wiesbaden

Müller-Jentsch, W. (2008): Arbeit und Bürgerstatus. Wiesbaden

Nagel, B./Riess, B./Theis, G. (1994): Neue Konzernstrukturen und Mitbestimmung. Baden-Baden

Negt, O. (2011): Keine Zukunft der Demokratie ohne Wirtschaftsdemokratie. In: Meine/Schumann/Urban 2011, S. 7–15

Nerdinger, F. W./Stracke S. (2008): Betriebliche Mitbestimmung und Innovation. Handlungsmuster von Arbeitnehmervertretern bei betrieblichen Innovationen und Bausteine für eine beteiligungsorientierte Unternehmenskultur. Abschlussbericht. Rostock, Hamburg

Parzer, M. (2008): Musikgeschmack in der Popularkultur. Eine kultursoziologische Spurensuche in Online-Foren (Internet: http://othes.univie.ac.at/2255/; zuletzt aufgesucht am 26.09.2013)

Piorr, R./Wehling, P. (2002): Betriebsratshandeln als unternehmerischer Erfolgsfaktor? Einflussnahme von Arbeitnehmervertretungen bei der Durchführung von Reorganisationsmaßnahmen. In: Industrielle Beziehungen, Jg. 9/Heft 3, S. 274–300

Pongratz, H. J./Voß, G.. G. (2003): Arbeitskraftunternehmer – Erwerbsorientierungen in entgrenzten Arbeitsformen. Berlin

Popitz, H./Bahrdt, H. P./Jüres, E. A./Kesting, H. (1957): Technik und Industriearbeit. Soziologische Untersuchungen in der Hüttenindustrie. Tübingen

Poppitz, A. (2009): Beruflich Bahnfahren. Aneignung des arbeitsbedingten Bahnalltags bei Pendlern und Geschäftsreisenden. München

Raeder, S./Grote, G. (2001): Flexibilität ersetzt Kontinuität. Veränderte psychologische Kontrakte und neue Formen persönlicher Identität. In: Arbeit, Jg. 10/Heft 4, S. 352–364

Rami, U./Hunger, A. (2011): Vertrauen als Legitimation für die Betriebsratsarbeit. In: Industrielle Beziehungen, Jg. 18/Heft 3, S. 167–189

Rancke, F. (1982): Betriebsverfassung und Unternehmenswirklichkeit. Eine Analyse von Organisation und Formen der betrieblichen Arbeitnehmermitbestimmung in der Praxis von Großunternehmen und Konzernen. Opladen

Rastetter, D. (2008): Zum Lächeln verpflichtet. Emotionsarbeit im Dienstleistungsbereich. Frankfurt/M.

Rehder, B. (2006): Legitimitätsdefizite des Co-Managements. Betriebliche Bündnisse für Arbeit als Konfliktfeld zwischen Arbeitnehmern und betrieblicher Interessenvertretung. In: Zeitschrift für Soziologie Jg. 35/Heft 3, S. 227–242

Ringel, E. (1993): „Ich bitt' Euch höfflich, seid's keine Trottel." Politikverdrossenheit und österreichische Identität. Wien

Rousseau, D. M./McLean Park, J. (1993): The contracts of individuals and organizations. In: Cummings, L.L./Staw, B.M. (eds.): Research in Organizational Behaviour. Greenwich, S. 1–47

Sarcinelli, U./Tenscher, J. (1998): Polit-Flimmern und sonst nichts? Das Fernsehen als Medium symbolischer Politik und politischer Talkshowisierung. In: Klingler, W./Roters, G./Zöllner, O. (Hg.): Fernsehforschung in Deutschland. Themen – Akteure – Methoden. Baden-Baden, S. 303–317

Schäfer, A. (2006): Die demokratische Grenze output-orientierter Legitimation. In: integration, Jg. 29/Heft 3, S. 187–200

Scharnbacher, K./Kiefer, G. (2003): Kundenzufriedenheit. Analyse, Messbarkeit und Zertifizierung. München

Scharpf, F. W. (1972): Demokratietheorie zwischen Utopie und Anpassung. Konstanz

Schauer, H./Dabrwoski, H./Sperling, H. J. (1984): Tarifvertrag zur Verbesserung industrieller Arbeitsbedingungen. Der Lohnrahmentarifvertrag II. Frankfurt/M.

Schedler, A. 1993: Die demoskopische Konstruktion von „Politikverdrossenheit". In: Politische Vierteljahresschrift, Jg. 34/Heft 3, S. 414–435

Schimank, U. (2002): Handeln und Strukturen. Einführung in die akteurtheoretische Soziologie. Weinheim

Schmidt, M. (2009): Schutzschirm für Arbeitnehmer. Eine Übersicht über das arbeitsrechtliche Instrumentarium zum Schutz der Arbeitnehmer in der Unternehmenskrise. Untersuchung im Auftrag der Hans-Böckler-Stiftung. Internet: http://www.boeckler.de/pdf/wsi_schmidt_schutzschirm_2008.pdf; zuletzt aufgesucht am 09.12.2012)

Schneider, W./Murschetz, L. (2001): Deutsch für Profis. Wege zu gutem Stil. München

Stettes, O. (2011): Betriebsratswahlen 2010. Eine Analyse auf Basis einer IW-Umfrage. In: IW-Trends, Jg. 38/Heft 1, S. 19–33

Stöger, U. (2008): Aus Frauensicht. Eine Analyse des Deutungsmusters „innerbetriebliche Interessenbeziehungen" von weiblichen Betriebsratsmitgliedern. München: TU München (Dissertation)

Strauss, A. L. (1987): Qualitative analysis for social scientists. Cambridge

Strauss, A. L./Corbin, J. M. (1990): Basics of qualitative research. Grounded theory procedures and techniques. Newbury Park

Strauss, A. L./Corbin J. (1994): Grounded theory methodology: An overview. In: Denzin/ Lincoln 1994, S. 273–285

Strauss, A. L. (2004): „Forschung ist harte Arbeit, es ist immer ein Stück leiden damit verbunden. Deshalb muss es auf der anderen Seite Spaß machen." Anselm Strauss im Interview mit Heiner Legewie und Barbara Schervier-Legewie. In: Forum Qualitative Sozialforschung (Internet: http://www.qualitative-research.net/fqs-texte/3-04/04-3-22b-d.htm; zuletzt aufgesucht am 20.09.2011)

Thierse, W. (1993): Politik- und Parteienverdrossenheit. Modeworte behindern berechtigte Kritik. Zur Notwendigkeit gesellschaftspolitischer Reformen. In: Aus Politik und Zeitgeschichte (Beilage zur Wochenzeitung „Das Parlament", Heft 31), S. 19–25

Trinczek, R. (1989): Betriebliche Mitbestimmung als soziale Interaktion. Ein Beitrag zur Analyse innerbetrieblicher industrieller Beziehungen. In: Zeitschrift für Soziologie, Jg. 18/Heft 6, S. 444–456

Trinczek, R. (2000): Flexibilisierung als neue Herausforderung für Management und Betriebsrat. In: Funder, M./Euler, H. P./Reber, G. (Hg.): Entwicklungstrends der Unternehmensreorganisation. Internationalisierung, Dezentralisierung, Flexibilisierung. Linz, S. 247–267

Trinczek, R./Schmidt, R. (1999): Der Betriebsrat als Akteur der industriellen Beziehungen. In: Müller-Jentsch, W. (Hg.): Konfliktpartnerschaft. Akteure und Institutionen der industriellen Beziehungen. München, S. 103–128

Vilmar, Fritz (1977): Politik und Mitbestimmung: Kritische Zwischenbilanz – integrales Konzept. Unter Mitarbeit von H. Krümpelmann. Kronberg.

Vilmar, F. (2008): Wirtschaftsdemokratie – Zielbegriff einer alternativen Wirtschaftspolitik. Kritische Bilanz und Aktualität nach 40 Jahren (Internet: http://www.memo.uni-bremen.de/docs/m3206.pdf; zuletzt aufgesucht am 09.12.2012)

Voß, G. G. (2004): Werden Arbeitskräfte zu Unternehmern ihrer selbst? Thesen zu Arbeit, Lebensführung und Gesellschaft im 21. Jahrhundert. In: Gamm, G./Hetzel, A./Lilienthal, M. (Hg.): Die Gesellschaft im 21. Jahrhundert. Frankfurt/M., S.135–155

Voswinkel, S. (2002): Bewunderung ohne Würdigung? Paradoxien der Anerkennung doppelt subjektivierter Arbeit. In: Honneth, A. (Hg.): Befreiung aus der Mündigkeit. Paradoxien des gegenwärtigen Kapitalismus, Frankfurt/M., S. 65–92

Voswinkel, S. (2010): Sichtbarkeit (in) der Dienstleistungsarbeit. Vortrag auf der wissenschaftlichen Tagung „Professionalisierung interaktiver Arbeit" am 15. und 16. Juli 2010 in München

Voswinkel, S. (2011): Zum konzeptionellen Verhältnis von „Anerkennung" und „Interesse". In: Arbeits- und Industriesoziologische Studien, Jg. 4/Heft 2, S. 45–58

Wassermann, W. (2002): Die Betriebsräte. Akteure für Demokratie in der Arbeitswelt. Münster

Watzlawick, P./Beavin, J. H./Jackson, D. D. (1972): Menschliche Kommunikation. Formen, Störungen, Paradoxien. Bern

Wiesenthal, H. (1990): Unsicherheit und Multiple-Self-Identität. Eine Spekulation über die Voraussetzungen strategischen Handelns. Discussion Paper 90/2, Max-Planck-Institut für Gesellschaftsforschung. Köln

Wilkesmann, U./Wilkesmann, M./Virgillito, A./Bröcker, T. (2011a): Erwartungen an Interessenvertretungen. Analysen anhand repräsentativer Umfragedaten. Berlin

Wilkesmann, U./Wilkesmann, M./Virgillito, A./Bröcker, T. (2011b): Erwartungen an Interessenvertretungen. In: Industrielle Beziehungen, Jg. 18/Heft 3, S. 205–233

Zwick, T. (2007): Betriebsräte fördern Lohngleichheit. In: WSI-Mitteilungen, Jg. 60/Heft 9, S. 483–486

Verzeichnis der Abbildungen und Tabellen

Abbildungen

Tabellen

FSC
www.fsc.org
MIX
Papier | Fördert
gute Waldnutzung
FSC® C083411

Kolibri 360 GmbH
Ferdinand-Jühlke-Straße 7
99095 Erfurt, Deutschland
produktsicherheit@kolibri360.de